Reasoning Puzzles
Lateral Thinking Puzzles
Logic Puzzles
Probability Puzzles
Fermi Problems
Business Cases
Performance Puzzles

ビジネス頭を創る
100の難問

ジョン・ケイドー=著
John Kador
花塚 恵=訳
勝間和代=監修

Discover

日本語版監修によせて

勝間和代

この本は、忙しいわたしたちがすき間時間にちょこちょこと、まるでダンベル体操をするかのように、頭の筋力トレーニングができるように設計した本です。

拙著『勝間和代のビジネス頭を創る7つのフレームワーク力』（ディスカヴァー）はある意味、頭の筋力のトレーニング・ガイドでした。その中ではいろいろなトレーニング方法を推奨していますが、その柱のひとつとして、日常からさまざまなフレームワークを使ってフェルミ推定をしたり、論理パズルを解いたり、水平思考力（ラテラルシンキング）を試したり、ということをお勧めしていました。

ただ、これまでのパズルの本、頭のトレーニングの本では、論理パズルは論理パズルだけ、水平思考力は水平思考力だけと、分野ごとに縦割りになっている傾向がありました。加えて、解説に対してあまりページを割いていないものが多く、解説を読んでもなんか納得できないとか、だまされた気がする、というような感想を持ってしまうものも多かったと思います。

しかし、この『ブレイン・ティーザー　ビジネス頭を創る100の難問』は、基本的な論理パズルから始まり、水平思考力のパズル、フェルミ推定、少し複雑なケーススタディ問題、そして実行パズルまで、さまざまな問題が網羅されています。

この本にある百問の問題のうち、半分近い問題はいわゆる定番もので、すでに発売されている『ビル・ゲイツの面接試験』や『外資系企業がほしがる脳ミソ』などにも収録されています。とはいえ、それぞれの本で解き方も解説も異なります。そして、この本の特長は、他の本に比べて解説がわかりやすいことです。したがって、すでにそういった本をお読みになっている方にも、いろいろと新しい発見があると思います。

まずは、LESSON1で水平思考力を鍛えましょう。「マンホールの蓋はなぜ丸いのか」など、よく知られている問題だからといってバカにしてはいけません。なぜ、その答えが適切なのか、そして、ほんとうにそれは答えなのか、ていねいに考えていく癖がつきます。

LESSON2では論理思考力を鍛えましょう。ただし、ここではまだ、あまり数字を使いません。これができるようになると、手もとにある材料を組み合わせることで、必要な情報がわかるということが実感できます。

そして、LESSON3では、同じ論理思考力の問題でも、数字を使うものに突入します。ただし、せいぜい四則演算レベルです。ここでの数字のちょっとしたヒントを身につけると、ふだんの戦略の中で、どこでどんな時間や資金、労力を配分すべきなのか、という勘がつきます。

ＬＥＳＳＯＮ４から、だんだんこの本の真骨頂に入ります。『７つのフレームワーク力』では数字力の章で確率・統計を学ぶことの大事さに触れていますが、この章を理解すると、ベルヌーイ推定といわれる、事後に確率を計算するためのわかりやすい方法や、わたしたちがつい、直感的に間違ってしまう方法によくある落とし穴を教えてくれます。

そして、ＬＥＳＳＯＮ５は、『地頭力を鍛える』で有名になったフェルミ推定問題です。これも、これだけの問題量を学び、理解したら、他のフェルミ推定もできるようになるでしょう。一定のフォームや型を覚えれば、それを応用するのは難しくないからです。

ＬＥＳＳＯＮ６は、ビジネスケースです。複合的な問題が課題として与えられ、これまで得てきたさまざまな思考力を駆使して、解の仮説や解答を導いていくことになります。

そして、最後のＬＥＳＳＯＮ７は実行パズル。応用問題といってもいいでしょう。

もともとこの問題集は、面接試験を意識してつくられた部分が多いので、面接官がわたしたちにこのような質問をしたら、それにどう答えるか、という場面を想定しています。しかし、わたしたちは現実の社会でも、さまざまな課題に直面し続け、その解答を考えなければなりません。毎日が面接試験のようなものです。
したがって、この本は外資系などへの就職を考えていて、そのために面接試験対策をしたい人にはもちろんフィットしますが、それだけでなく、日常からどうやったら限られた情報から新しいことを導き出し、それを実行につなげるかということに悩んでいる人にもお勧めの内容になっています。

ぜひ、手にとって、パズルを解いてみてください。一度に百問すべて解く必要はありません。持ち歩いたり、会社の机のそばに置いて、ちょっとヒントがほしいと思ったときにめくったり、すき間時間に一、二問解いてみたり、あるいは休み時間などに同僚と出しっこして、その内容を題材にざっくばらんな意見交換をして盛り上がってみてください。
ビジネス頭を創るうえで大事なことは、「儲かること」ではなく、「頭がわくわくすること」です。なぜなら、わたしたちの頭にとっては、「知的におもしろい」「知的にわくわくする」ということこそ、最高のごちそうなのですから。

二〇〇八年　秋

ブレイン・ティーザー　Brain Teaser
ビジネス頭を創る100の難問　目次

目次

LESSON 3 数学を使うロジカルシンキング問題…121

LESSON 4 確率のパズル…183

LESSON 5

LESSON 1

日常生活の中の難問とラテラルシンキング問題

日常生活での観察に基づく知識や知恵を活用して
現実の課題を解決する能力、さらにそのとき、
通常の垂直的な思考の枠組みの外側に答えを探す
ラテラルシンキング（水平思考）の能力は、
つねに革新が求められるビジネスにおいて
きわめて重要だ。
そこで、ビジネス頭を創るレッスンは、
このラテラルシンキングを鍛えるための問題と
日常の身の回りに潜む難問
（というほどでもないが）から始めよう。
問題といっても、幸いおもしろい内容ばかりだし、
自分を取り巻く日常にどのくらい
注意を向けているかが問われる問題でもある。

01

マンホールの蓋

まずは、面接で出題されるブレイン・ティーザーの母ともいうべき有名な問題から。マイクロソフト社で出題されたこの問題が、面接にブレイン・ティーザーを取り入れる流れをつくったともいえる。マイクロソフト創設時に、こんな逸話がある。

CEOのスティーブ・バルマーが、役員の1人とジョギング中に、マンホールの蓋を踏んだ。その丸い形を見て、彼はふと思った。これまで見たことのあるマンホールの蓋はどれも丸い。「マンホールの蓋はなぜ丸いんだろう?」と。

そして、数百ヤードも行かないうちに、3つの理由を頭に思い浮かべると、「これは面接の質問に使える」と思ったのだ!

Q

マンホールの蓋はなぜ円形なのでしょう?

一九八〇年代前半にマイクロソフトの面接を受けに来た人は、試験会場に着くなり、「穴に落ちないようにするため!」と叫んでいたらしい。それほど有名になってしまった問題だが、いまでもときどき出題されるという。たとえ志望者が事前に模範解答を学んでいたとしても、その人の特性はある程度つかめるからだそうだ。

まずは、この問題の答えとして人気のある順に、5つ紹介しよう。

1　蓋が円形なのは、マンホールの穴に蓋が落ちない唯一の形状だから。
2　円形だと、穴の向きを気にせずに蓋ができるから。
3　円形だと、持ち上げたり運んだり、転がしたりするのが簡単だから。
4　他の形に比べて、円形の蓋は使う金属の量が少なくすみ、コストが安く上がるから。
5　マンホールが丸いから!

この問題は、ただ答えを出せばいいわけではない。1つないし2つの答えを述べたうえで、その理由もあげる。マイクロソフトの採用担当者が、次のような解答を聞いたときは、道徳的な観点からも完璧だと思ったそうだ。現実世界に関する問題では人間の安全が重視される、という点に触れる。それがポイントだ。

「円形は、穴に蓋が落ちない唯一の形状です。それはおそらく、マンホールの中にいる人がケガをしないようにすることと、マンホールの上を歩く人に危険がないようにすることにつながるのだと思います。マンホールの穴の内側のわずかな縁のおかげで、丸い蓋はどんな状態になっても穴に落ちません。

正方形の蓋ではこうはなりません。なぜなら、正方形の対角線は一辺の長さの$\sqrt{2}$倍だからです。ですから、蓋を垂直になるぐらいまで起こし、少しでも向きをずらすと、あっという間に穴に落ちてしまいます。三角形の蓋でも同じです。

円の直径はどの向きでも長さが同じです。したがって、穴に落ちない条件を満たす形状は円形のみとなります」

もちろん、別の答え方をしてもかまわない。先に紹介した5つの答えから1つを選び、反論されても対抗できるように準備しておこう。この問題で問われているのは、技術的な知識ではない。次の3つだ。いずれも現実のビジネスで非常に重要な能力である。

1　決断力
2　決断に至った理由のプレゼンテーション
3　自分の意見を擁護する能力

知識をひけらかそうとするのは避けたほうがいい。マンホールの穴に落ちないという条件を満たす形状は、円以外にもある。だが、位相幾何学に関する職種に就こうとでもしていない限り、ルーローの多角形に触れても、あまり意味はない！

なお、実際、世の中のマンホールの蓋すべてが円形ではない。ダン・ヘラーという写真家のウェブページには、彼が世界各地で撮影した蓋の写真が掲載されている。ほとんどの蓋は確かに円形だが、地域によっては正方形や長方形の蓋のほうが好まれているようだ。ダン・ヘラー氏のウェブページはこちら。http://www.danheller.com/manholes.html

02

ココナッツ

こちらも、ラテラルシンキング（水平思考）の代表的な問題の1つ。当然のようにいだいてしまっている思い込みを捨てられるかどうかがカギだ。

答えは、とても気がきいている。しかし、企業の面接試験対策として本書を読んでいる方は、答えそのものよりも、答えを通して面接官といかに会話の幅を広げていくかを考えてみてほしい。実は面接官は、答えの正誤よりも、そこを見ている。

Q

ココナッツ売買事業を立ち上げようとしているビジネスマンがいます。
1ダースを5ドルで仕入れ、3ドルで売ろうと計画したところ、

1年も経たないうちに百万長者になりました。
彼の計画と計算は正確です。
いったい、なぜそんなことが可能となったのでしょう?

＊ヒント：前提条件

この手のパズルを見て、ネット企業を思い浮かべる人も多いかもしれない。損を出しても経営は健全だと訴える企業を。

さて、赤字の値段で商品を売って市場シェアを獲得した、と答える人や、競合他社を市場から追い出してココナッツ市場を支配できるようになった、と答える人が多い。どれもありそうではあるが、いずれも、「このビジネスマンの資産は、事業を立ち上げたあとで増加した」という思い込みから逃れていない。

このパズルには、「このビジネスマンは、絶え間なくお金を減らしていこうとするつもりなのでしょう。その結果、百万長者になったのだとしたら、彼はもともと億万長者だったに違いありません」と答えるのがもっともスマートだ。

03

縄ばしごと上げ潮

こちらは、中学校レベルの常識的な知識を身近な現実の課題に応用できるかどうかを問う問題だ。面接の始まりにふさわしい問題だという面接官もいる。

Q

縄ばしごが船の側面に吊るしてあります。はしごの全長は3・6mで、一段30㎝です。
今、はしごの下端は海面すれすれですが、潮は1時間あたり10㎝ずつ上昇します。
では、縄ばしごの下から4つ目までの横さんが水に浸かるのに、
どのくらいの時間がかかるでしょう?

＊ヒント：浮力

簡単そうな問題は、疑ってかかる。それが、パズルの大原則だ! 一見簡単な問題には、つねに落とし穴がある。だいたい、単純に計算して解けるような問題がわざわざ面接で出されるわけがないではないか。質問文に書かれていないナゾがあるはずだ!

この場合は、船と縄ばしごはセットで動くということに気づくかどうかが分かれ目だ。すなわち、船が潮の上昇とともに上昇するなら、船の側面に吊るされた縄ばしごも上昇する。だから、ある時点で水に浸かっていない部分は、どれほど水面が上昇しようと、決して水に浸かることはない。

04

塩と白胡椒

これも基本的な理科の知識を応用できるかどうかが問われる。ランチをとりながらの面接時に出題されることもある。聞くと、驚くような答えだ。

Q

白い紙の上に塩があるのを思い浮かべてください。
そこに、白胡椒も混ぜるとします。
プラスチックの櫛だけを使って塩と白胡椒に分けるには、どうすればいいでしょう？

何回か櫛で髪をすく。すると静電気が発生し、その櫛を紙の上で揺らすと、白胡椒は櫛に付着するが、重い塩の結晶はそのまま紙の上に残る。これが答えだ。

05

鉄製の洗濯槽の穴

これも面接のとっかかりにふさわしいパズル。ただ、勝手にややこしく考えて、墓穴を掘る人がかなりいる。穴という概念には、人を混乱させる何かがあるらしい!?

Q

鉄製の洗濯槽を熱した場合、その洗濯槽にあいている穴はどうなるでしょう？穴は小さくなりますか、大きくなりますか、それとも同じ大きさのままですか？

金属は、熱すれば膨張し、冷やせば収縮する。大きかろうが小さかろうが、この性質は変わらない。鉄製の洗濯槽を熱すると膨張するので、穴も当然大きくなる。

06

水の入った6つのグラス

もしあなたが面接官だったら、図を用意しても、実際に水の入ったグラスを用意してもよいだろう。

Q

ここに6つのグラスがあります。そのうちの3つには、水が入っています。

グラスを1つだけ動かして、水の入ったグラスがすべて隣り合うように並べてください。

A

グラス2の水をグラス5に注ぐか、6を3に注げばいい（これだって、1回の動きだ！）。以上。

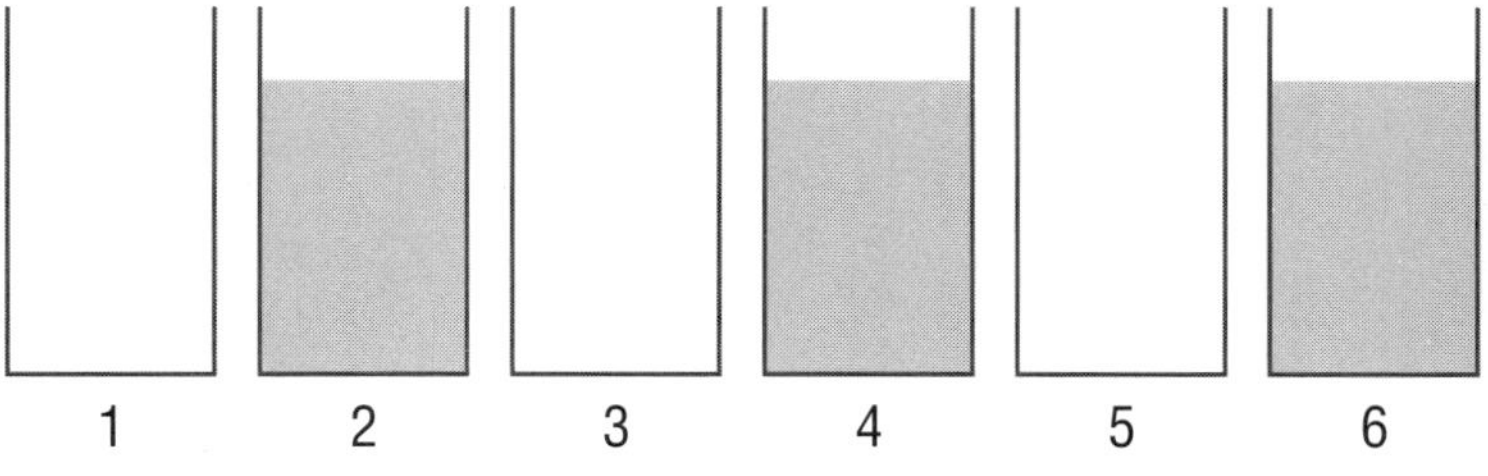

07

シャワーカーテン

日ごろの観察力が試される問題だ。観察力に自信がないなら、物理の知識を使って解決しよう。このパズルにうまく答えられずに職に就けなかった人は、シャワーカーテンを見るたびにこの問題を思い出すことになるだろう。

Q

シャワー室でシャワーカーテンを引いた状態でシャワーを出すと、カーテンの裾はどの方向に動くでしょう？　シャワー室の外側に向かって動くでしょうか、動かないままでしょうか、それともシャワー室の内側に向かって動くでしょうか？　シャワーカーテンは摩擦の抵抗なく吊るされているものとし、シャワーの水は直接カーテンに当たらないものとします。

一見、答えだと思えるのは（当然これは間違いである）、シャワーの水流が空気をシャワー室の外に押し出すので、カーテンも外側に向かって押される、というものだ。

だが、カーテンが外側に動くのは、水圧が直にカーテンにかかったとき。水流が当たらない場合、確かに空気はシャワー室の外に向かって押し出されるが、逃げていくのは上から（特にお湯の場合）。その結果、シャワー室の下部の圧力が低くなって空気を呼び込む。その空気の流れによって、カーテンはシャワー室の内側に向かって動く。それが答え。

08

部屋の中の冷蔵庫

今度は、冷蔵庫だ。ありふれた消費財の違った使い途を考えさせるよい問題だ。

Q

あなたは、冷蔵庫だけがある部屋の中に閉じ込められています。冷蔵庫のプラグはふつうのコンセントに差し込んであって、電気の入った状態です。その部屋をできるだけ涼しくするにはどうすればいいでしょう？

この問題を聞くと、「冷蔵庫のドアを開けて部屋を涼しくすればいい」と考えてしまいがちだ。そう思いつくのはいいが、ここでパズルの鉄則を思い出そう。すぐにひらめく答えに正解はない！

ここで、頭を冷やして考えてみよう。だいたい、冷蔵庫とは、そもそもどんな働きをするものなのか？　熱ポンプである。冷蔵庫の内部の熱をとって部屋の中に放出しているのだ。となると、稼働中の冷蔵庫のドアを開けるのは、最悪な行為だ。

ある解答者は次のように答えている。

「冷蔵庫のプラグを抜いてからドアを開けます。そうすれば、庫内の冷気と部屋の熱が混ざり、少し室温が下がるでしょう。

いちばんやってはいけないのは、プラグを差したままの状態でドアを開けることです。そんなことをすれば、室内の熱が庫内に流れ込むので、庫内をまた冷やして背面から熱を放出することになり、余計に熱が発生します」

というわけで、答えは、**冷蔵庫のプラグを抜いてからドアを開け、庫内の冷気で室温を下げる**、である。これが最善策だ。

09

コインの裏表

簡単に感じる人もいれば、答えを説明されても理解に苦しむ人もいるようだ。口頭で出題してもいいが、実際にコインやカードを使ってもいい。ただ、ほんとうに目隠しすることはお勧めしない。

Q

あなたは目隠しをされた状態だと思ってください。
机の上にコインがあるとします。
全部で何枚あるかはわかりませんが、そのうちの26枚は表を向いています。
では、コインを2つの山に分け、
それぞれに同じ数だけ表を向いたコインが含まれるようにするには、
どうすればいいでしょう?
ただし、コインの向きを、見たり触ったりして確認することはできません。

最初に答えをご披露しよう。まず、2つの山に分けると言っても、同数にしなければならないとはどこにも書いていないことに気づくこと。これがカギだ。

さて、**26枚のコインを適当に選んで1つの山とし（これは、表になっているコインと同数を1つの山にするという意味だ）、その山のすべてのコインの向きをひっくり返す。**

そして、残っているコインすべてを2つ目の山とする。これで、表を向いているコインの数は、両方の山で同数になる。

ほんとうにこんなに単純な答えでいいのかって？　では、ある解答者の説明をお聞きいただこう。

「仮に、コインは全部で50枚あるとしましょう。表を向いているコインは50枚中26枚、ということになりますね。そして、適当な26枚を1つ目の山とし、残りの24枚を2つ目の山とします。

1つ目の山の26枚が、たまたま全部表を向いていたとしましょう。これを全部ひっくり返すと、表を向いているコインは0になります。2つ目の山の24枚はすべて裏ですから、これで、どちらの山にも表のコインは0となります。

では、別のケースで見てみましょう。仮に、1つ目の山（26枚）は、表が10枚、裏が16

枚だとします。この26枚をすべてひっくり返すと、表が16枚、裏が10枚になります。
1つ目の山に、最初、表が10枚だったということは、2つ目の山（24枚）には表が16枚あるはずです。ということは、両方の山にある表のコインはどちらも16枚となります」

10

月と地球

一見、単純な質問なのに、むずかしく感じてしまう。良問の特徴だ。これまでのわたしの経験からすると、すぐに答えが頭に浮かばない人は、このパズルは、ヒントなしには解けないだろう。

Q

地球よりも月で重くなるものは何でしょう？

このパズルには、論理的な答えと修辞的な答えがある。
まずは、論理的な答えから見てみよう。ここでは、月と地球の1つの重大な違いを踏まえたうえで、別の違いにも思いいたる必要がある。

重大な違いと言えば？　そう、月は地球よりも重力が小さい。そのとおりである。だが、違いはそれだけではない。地球には大気があり、月にはない。これも重大な違いだ。では、大気の特性にはどんなことがあるか？

浮力である。これがヒントだ。地球上では、一定の質量を持つ物質には必ず浮力が働くので、浮力が重力に勝ると、重さがないことになってしまう。

そろそろ、おわかりだろう。そう、ヘリウムや水素といった空気よりも軽い気体で膨らませた風船は、地球上では重さは記録されないが、月では違う。

地球上で重さのない風船に月面上で重さがあるわけがないだって？

地球でヘリウムの入った風船に重さがないのは、大気が重さを支えてくれているからだ。ヘリウムの入った風船の重さをはかりで測定しようとしても、風船にかかる浮力のほうが風船にかかる重力よりも大きく働くので、重さが記録されないだけのことだ。

だが、月面上では大気がないから、重力だけが働く。だから、たとえ地球の6分の1の重力でも、いくばくかの重さが実際に記録されることになるのだ。

ただし、これを実験で測定するのは不可能だ。なぜなら、気体で膨らませるタイプの風船は、月面上や真空状態では存在できない。あっという間に破裂してしまうので……。

さて、イリノイ州のエヴァンストンに暮らす私の友人、デイヴィッド・ジョーンズ氏から素晴らしい答えがメールに入ってきた。どんな「論理」パズルであっても、的確に取り組めば、非論理的な答えも受け入れられる、ということを実証するような答えだ。

「地球よりも月のほうで重さのあるものは何かって？　宇宙飛行士の良心ですよ。奥さんの誕生日だったのに、『おめでとう』も言わないで月に向かって出発したのならね」

というわけで、**答えは、空気よりも軽い気体の入った風船、もしくは、宇宙飛行士の良心である。**

11

車の風船

同じ風船の問題といっても、こちらは地球上の身近な問題だ。頭の中に簡単に思い浮かべられる実験のパズルである。といっても、正解がわかる人はほとんどいない。気体の性質は固体の性質と同じとは限らない、という点に思いいたらないと、やっかいだ。

Q

停止状態の車の中に、ヘリウムガスの入った風船が浮かんでいます。窓はすべて閉まっています。車が発進しました。この風船は、進行方向（前）に動くでしょうか、進行方向とは逆（後ろ）に動くでしょうか、それとも動かないでしょうか？

＊ヒント：車が動けば、空気も動く。

車が発進すると、ダッシュボードのCDなどは後ろに動くので、「後ろに動くに決まっている」と思うかもしれない。だが、実は、この風船は前に動く。なぜなら、慣性によって空気の分子が後ろに押され、その結果、風船を前方の斜め上の方向に向かって動かす小さな圧力が生まれるからだ。納得できない？　それならともかく、試してみてほしい。

12

国境をまたぐビール

これは、なぞなぞとケーススタディの中間のようなパズルだともいえる。商取引で発生する対価を理解しているかが試される。

Q

カナダドルとUSドルの貨幣価値の差を10セントとします。
つまり、アメリカにおいては、1カナダドル＝90USセント、
カナダにおいては、1USドル＝90カナダセントとなります。
一人の男が国境付近にあるアメリカのバーに入り、
1杯10USセントのビールを注文し、1USドル払ったところ、
おつりはカナダドルでもらいました。
次に彼は、国境をまたいでカナダにあるバーへ入り、
1杯10カナダセントのビールを注文し、カナダドルで支払い、
おつりをUSドルでもらいました。
この行き来を延々と繰り返してビールを飲み、最後に彼のポケットを見ると、
もともと持っていたお金が残っています。

では問題です。
この男の飲み代を払ったのは誰でしょう？

最初に確認するのは、なんらかの経済活動が行われたかどうかである。で、どうかというと、行われた。では、どういう経済活動が行われたのか？カナダにカナダドルを持ち込み、アメリカにUSドルを持ち込んだ行為が、彼の行った「経済活動」である。つまり、より需要の高い場所（価値が高くなる場所）へ通貨を持ち込んだのである。この活動によって得た対価がビールなのだ。

で、結論を先に言うと、この男の飲み代を実際に払ったのは、男自身である。ならば、どうして最後にもともと持っていたお金がそっくり残っているのか、というと、この男は、経済活動を行った対価をビールという形で受け取っていたからだ。つまり、1ドルが0・9ドル（90セント）に下がる通貨を手にしている者から、0・1ドル分をビールという形で補ってもらっていたのである。

国境をまたぐことで貨幣の価値が下がるとすれば、この答えは文句なく正しい。だから、「違う国のドル」を持っているという理由で貨幣の価値が下がる場合も同様だ。

たとえば、１USドルを手にしたアメリカ人は、アメリカでビールを10杯買えるが、国境をまたぐと、貨幣価値が10％下がり、ビールは９杯しか買えない。だが元の国に戻れば、その買えなかった分のビールが買える。

なお、問題に登場した男がその「経済活動」を続けられるのは、カナダのバーからUSドルがなくなるまでか、アメリカのバーからカナダドルがなくなるまでである。そのときが来たら、彼が行う「活動」もできなくなってしまう。

13 コルクとボトル

このパズルが出題されるときには、コインとボトルとコルクが実際に用意されていることもある。そうすると、問題文の状況を目の当たりにできる。

Q

ボトルの中にコインを入れて、コルクでボトルの口に栓をします。
コルクを抜いたりボトルを壊したりせずに、コインを取り出せますか？

このパズルで必要な発想の転換ができると、仕事上の問題に取り組むときにも、問題点そのものを逆手にとって解決できる人材だと判断されるだろう。残念ながら、「コルクはボトルから抜くもの」という先入観から抜け出せない人が多いようだが。

というわけで、コルクをボトルの中に押し込んでコインを取り出す、というのが答え。

14

手術用手袋が２組に患者が３人

これも、ラテラルシンキングの力を測る問題の一種だ。

Q

外科医が、続けざまに３人の患者の手術を行うことになりました。

でも、手術用の手袋は２組しかありません。

では、この外科医はどうすれば、患者や自分自身に感染の危険を負わすことなく３人の手術を続けて行うことができるでしょう?

条件は、患者と外科医自身への感染を防ぐため、どの手術も、表面が汚れていない手袋を使うことだ。だから、同じ面をもう一度使う方法を模索などしないこと。時間の無駄だ。まずは、問題を自分の口で確認することから始めよう。

「問題を確認させてください。外科医が3人の患者を手術するのに手袋は3組必要ですが、2組しかない。つまり、『この外科医が、2組の手袋だけで安全に3人の手術を行うにはどうすればいいか。安全といっても、手袋を使って手術できるというだけでなく、別の患者からの感染も防がねばならない』ということですね」

私が知る限り、満足のいく解答は1つしかない。

まず外科医は、2つの手袋を重ねて着用する。つまり、1つの手袋をはめた上にもう1組の手袋をはめる。そして1人目の患者の手術を行う。

その後、外側の手袋を外し、手袋を1組はめた状態にする。それで2人目の手術を行う。

ここで、1人目の手術のときに使った手袋（最初に外側にはめていた手袋）を裏返し、2人目の手術を行った手袋の上にはめる。そうすれば、自分も患者も、他の患者からの感染を心配することなく、3人目の手術が行える。

15

ホテルのお湯

これも、身近な現象への好奇心を問う問題だ。面接では、「ホテルは快適ですか?」という質問が投げかけられ、志望者が「はい」と答える流れに乗って出題されるケースが多い。

Q

ふつうの家庭では、お湯の栓をひねっても、お湯になるまで少し待たないといけませんよね。
では、ホテルでお湯の栓をひねると、すぐにお湯が出るのはどうしてでしょう?

ふだんから、ちょっとした疑問に対し、身近なことから類推し、豊かな発想力を駆使して妥当な結論を出す習慣を持つことは、ビジネス頭の訓練となる。面接試験で、もし、こうした問題が出されたとしても、それがホテルのメンテナンス業者の面接でない限り、正しいかどうかはどうでもいい。柔軟に考える力があり、初歩的な物理の知識をもとに独自の答えを導き出し、自分の似たような体験を参照しながら新たな解決策を類推する能力があるということを証明できればいい。

だから、「水道管が温められた状態にあること。また、専用の温水器が各部屋に設けられているとも考えられます」と答えてもかまわないわけだ。

もちろん、正解はそうではない。答えは温水循環装置である。温水器から各部屋のお湯の栓まで、ポンプで送水管の中のお湯をゆっくりと循環させているので、いつどの部屋の栓をひねっても、瞬時にお湯が出る状態を保てているのである。

16 グラスの半分を満たす

水の入ったグラスで答えを示すことにすれば、その場は盛り上がるだろう。ただし、ビジネス頭を鍛えるために本書を読んでいる読者は、現物なしに考えてほしい。

Q

ここに水の入ったグラスがあります。

グラスの形状は完全な円柱で、色は透明です。

水は半分ほど入っているように見えますが、

どうやったら正確に確認することができるでしょう？
道具を使わず、グラスに入っている水の量を正確に測定し、
「半分」「半分より多い」「半分より少ない」のいずれかで答えてください。

まずは、一般に陥りがちな考え方を紹介し、それのどこがいけないかを見ていこう。

「左の手のひらでグラスの口を覆うように押さえ、右手の親指と人差し指で水面の高さを測定します。この指の間隔を必死で固定させておきます。

そのままグラスを手の上にひっくり返します。手のひらで押さえているので、グラスから水はこぼれません。そして、固定させておいた右手の指の間隔を定規のようにグラスにあてて、逆さになった状態の水面の高さを測ります。

先ほどの指の間隔と同じなら、グラスの水は半分と言えます」

これでも悪くはないが、実際には不正確である。手のひらは完全に平らな表面ではないし、どんなにうまくやっても、若干の水はこぼれてしまうからだ。

ベストの解決策を得るには、グラスの形状に注目する必要がある。「完全な円柱」と書いてあるはずだ。次のページに図で示したが、ことばで説明するよりも、実際にやってもらうほうがわかりやすい。

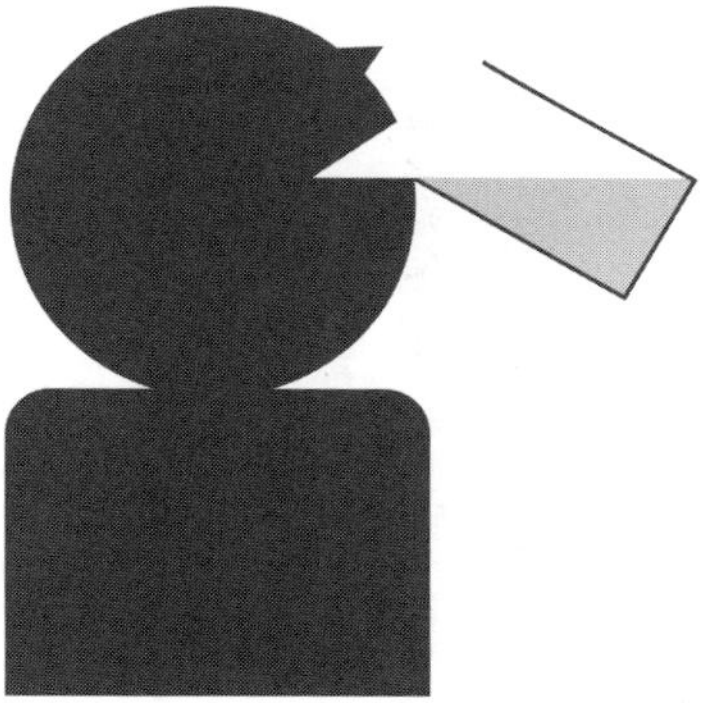

グラスを持ち、水がこぼれる寸前まで、慎重に自分のほうへ傾ける。グラスの形状は完全な円柱なので、水がきっかり半分ならば、グラスの底の円の上端に水面が触れているはずだ（長方形の対角線のことを思い出してほしい）。
水の量が半分より少なければ、底の円の上端よりも下に水面がくることになり、半分より多ければ、底の円の上端よりも上に水面がくる。
というわけで、「グラスの形状が持つ特性を利用する。完全な円柱に半分水が入っているなら、グラスを傾けたとき、グラスの飲み口に当たる円の下端に水面がくるのと同時に、グラスの底の円の上端に水面がくる」が答え。

17

エジプトのピラミッド

このパズルは、ラジオ番組「カートーク（Car Talk）」で出題された。ある意味、引っかけ問題だが、前提条件にとらわれない人にとっては、その能力をアピールできるチャンスでもある。特定の概念から抜け出せないと、むずかしく感じるだろう。

Q

ある男性が、一九九五年にエジプトの古代ピラミッドを訪れました。そこで深く感銘を受けた彼は、いつか自分に子どもができたらいっしょに連れてきて、ピラミッドの神秘を見せてやろうと心に誓いました。そして息子を授かると、いっしょにピラミッドを訪れて、その誓いを果たしました。ただ、訪れたのは一九六五年です。なぜそんなことになるのでしょう？

「タイムマシーンに乗って未来の自分に会いに行った」という仮説を立てているなら、すぐに現代に引き返してもらいたい。面接で問われるパズルには、ファンタジーの要素は決して含まれない。謎をつくりだしている前提条件のとらえ方を変えれば、答えは出る。

質問文にある一九九五年とは、紀元一九九五年を指すのか？　いや違う。ここでは、紀元前の話をしているのだ。紀元前一九九五年当時から見ても、ピラミッドは古代の産物と思われていたはずである。

18

7つの製氷皿を凍らせる

自動製氷機付き冷蔵庫が普及している今、これは古くさく感じられるかもしれない。若い応募者の中には、製氷皿を見たことがない人も多い。だが、見たことがあろうとなかろうと、このパズルでは固定観念にとらわれずに解決策を見つけ出す能力が要求される。

Q

小さな冷凍室のついた旧式の冷蔵庫があります。
冷凍室は、12個の氷が作れる製氷皿が縦に7つ入る高さは十分ありますが、皿を仕切れる棚はありません。
製氷皿の水が完全に凍ってからでないと、その上に別の皿を積み重ねることはできません。

製氷皿は無限にあるとします。
これらの条件を満たして、速くたくさん氷をつくるには、どうするのがいちばんいいでしょう？

問題解決のプロセスで生まれた成果物が、問題解決の触媒になるというケースは多い。このパズルも、成果物を活用して解決できる。できた氷を皿と皿のしきりに使って積み重ねるのだ。そうすれば、一度に84個の氷（7皿分）ができる。

やり方はこうだ。まず、製氷皿を1つ凍らせて、できた氷（12個）を取り出す。次に、製氷皿の対角線上の角に氷を1つずつ（計2つ）置いて積み重ねていけば、7段にすることができる、というわけだ。

19

氷と水

氷の問題をもう1つ。初歩的な理科の問題だが、意外に混乱してしまう人が多い。

Q

氷水が、コップにぎりぎりいっぱい入っています。氷が溶けたら水面はどうなるでしょう？ 水面が上がって水がこぼれるでしょうか？ 水面は下がるでしょうか？ それとも変わらないでしょうか？
そうなる理由もあわせて答えてください。
蒸発はしないものとし、表面張力は無視してください。

この問題のような経験をしたことのある人は、かなりいるはずだ。そんなとき、水がぎりぎりまで入ったコップの中で氷が溶けて、水があふれてフキンで拭いただろうか？

答えはノーだ。だが、このパズルでは、答えそのものではなく、その答えとなる理由が重要となる。たとえば、次のような解答なら申し分ない。

「ちょっと考えをまとめさせてください。氷は水よりも密度が低い。だから水に浮く。それに、氷は水よりも体積が大きい。これは、ボトルいっぱいに入った水を凍らせると、膨張して破裂することから明らかです。となると、水面は下がると思われます。

一方、グラスにいっぱいの氷を入れて、それを溶かしても、グラスから水があふれることはないのを、私は経験上、知っています。この理由はいったい何か？

思うに、氷が水に浮かんでいるのは、氷として体積が増えた分が水面上に顔を出しているということだからではないでしょうか。つまり、氷が溶ければ体積は小さくなるが、それは水面から出ていた氷の体積によって相殺されるのです。したがって、氷が溶けても水面の高さは変わりません」

ちなみに、氷が完全に水面下に沈んでいる場合は、氷が溶けたら水面は下がるはずだ。

ところで、このことから、次のパズルも簡単に解けるだろう。

Q

地球温暖化で北極の氷が溶けたら、海面はおよそどのくらい上昇しますか？

そう。変わらない、が正解だ。北極は、分厚い氷が海に浮かんでいるからだ。

しかし、南極は違う。南極は、大陸の上に分厚い氷が張っている。したがって、溶けた氷は、そのまま水となって海水に流れ込み、海面を上げてしまうのだ。

そのほか、グリーンランドなど、地球上の氷が全部溶けて、海に流れ込むと、マンハッタンのビルの一六階以下はすべて海中に没するという試算もある。

20 どのくらい寒い？

一見やさしそうに見える問題だが、いざ考え出すと、混乱し、文字どおり凍りついてしまう人も多い。ここでは、解釈を拡大させる能力が必要となる。ビジネスでは解釈の拡大や縮小を迫られる場面が多々あるので、この能力は非常に貴重である。

Q

0度の2倍の寒さとなる温度は何度でしょう？

＊ヒント：「0」に惑わされてはいけない。

このパズルを筋の通ったものにするには、一般的な温度の単位と換算方法の知識があると有利だ。このパズルでは、面接官に質問することから始まるケースが多い。ある志望者とのやりとりを紹介しよう。

志望者「この問題を解くには、単位が必要です。何の単位での0度でしょうか？」

面接官「わかりません」（具体的な単位を言ってくれる場合もある）

志望者『『寒さ』は単に熱の不在を表すので、まずはもともとの温度を計算し、それからその半分を出します。計算には、温度の単位として一般的な華氏（℉）と摂氏（℃）が使えます。

問題文の０度がケルビン（K）であることは想定しません。というのも、０Kはいわゆる絶対零度で、あらゆる温度の下限だからです。ですから、もともとの温度は絶対零度以上だとします。ただ、ケルビン単位を使って計算すると便利なので、換算単位として使うことにします。

０K（絶対零度）は、約マイナス２７３℃と表せます。では、問題文の０度を０℃ととらえ、それをケルビン単位に置き換えましょう。すると、２７３Kと表せます。

その半分は１３６・５K、すなわち、マイナス１３６・５℃です。したがって、０℃の2倍の寒さは、マイナス１３６・５℃となります」

ちなみに、華氏の間隔を使って表す単位、「ランキン（R）」について言及してもよいだろう。華氏の温度に４６０度を足せば、ランキン度になる。

つまり、０度を華氏（℉）での０度と想定し、０℉＝４６０Rであるので、その2倍の寒さを求める（半分にする）と、２３０Rとなる、と答えるのだ。

21

どちらが磁石？

物理と磁石の知識が必要なパズルである。

Q

形も大きさもまったく同じ円柱形の鉄が２本あります。１つは永久磁石です。もう１つは磁性を持ちません（磁石に吸いつけられるが、それ自体は永久磁石ではない鉄）。どうやったら、どちらが永久磁石かわかるでしょう？ただし、道具は一切使ってはいけません。

次のページの図のように、２本の鉄でＴ字型をつくればよい。互いにくっつけば、Ｂが永久磁石。くっつかないなら、Ａが永久磁石となる。

棒型の磁石だと、両極が中央部で打ち消しあうため、中央部には磁力が発生しない。したがって、Ａが永久磁石ならば、ＢはＡの中央部に引きつけられない。だが、Ｂが磁石だとすると、磁石の端には磁力が集まっているので、鉄であるＡを引きつけるのだ。

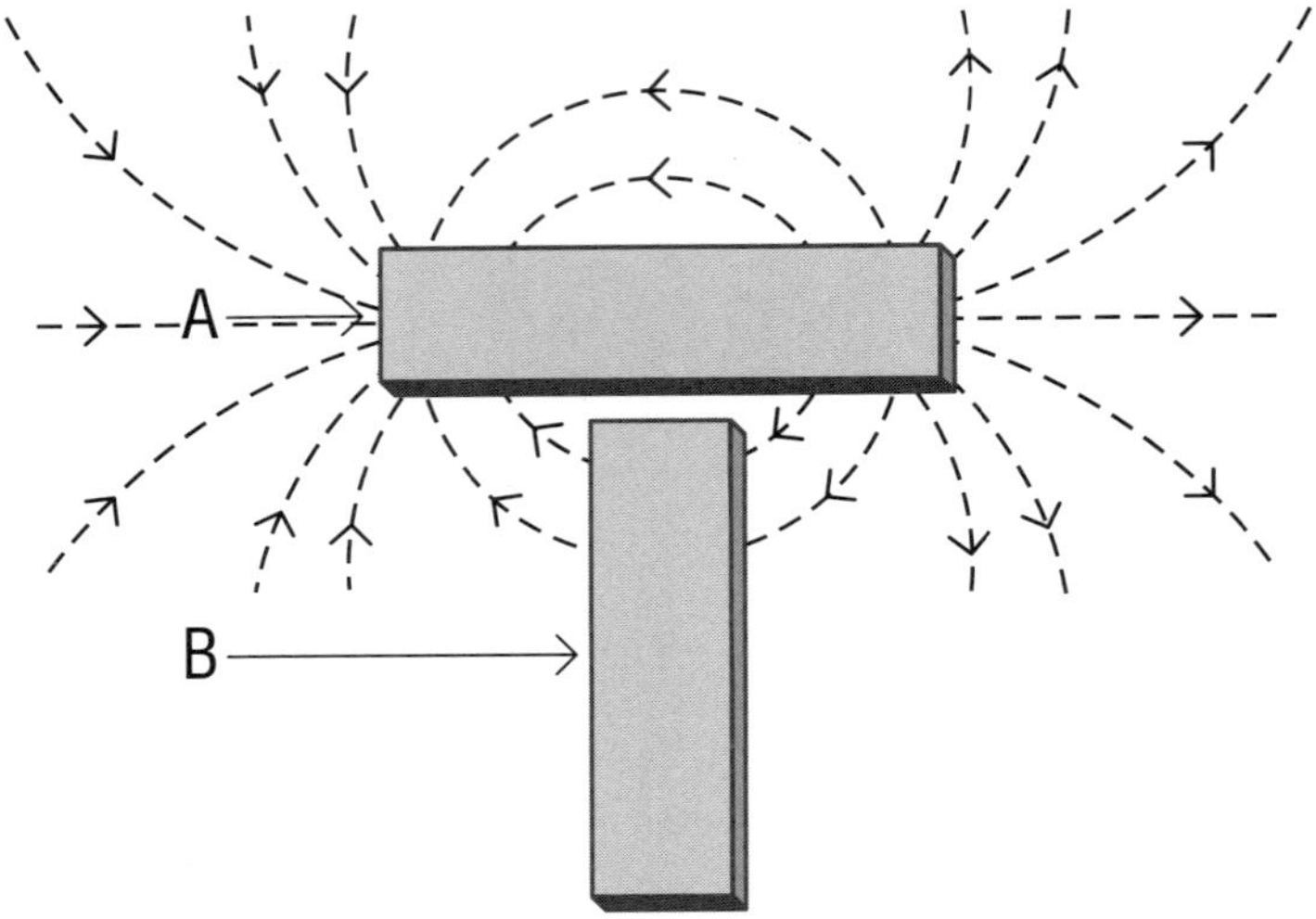
A
B

22

鏡の謎

これはマイクロソフトでよく出題されるパズルなので収録したが、個人的には面接に最適なパズルだとは思わない。会話が弾まないことこのうえないし、物理にまつわる深い議論を交わすとしても、非常に特殊な内容になって、パズルを出題する側にも相当な知識と根気が要求される。面接官の根気を評価するにはよいパズルかもしれないが、志望者の洞察力を見るなら、もっと適切な問題がほかにたくさんあるだろう。

Q

鏡が上下ではなく左右を逆転させるのはなぜでしょう？

＊ヒント：そもそも、問題の前提は正しいのだろうか。

明晰な頭脳の持ち主でも理解に苦しむパズルだ。この問題について研究する人も出たぐらいだ。実際、鏡は日常使うものなので、よく知っていると思い込んでいるものだが、きちんと構造を理解している人はほとんどいない。

それに、このパズルは格別むずかしい。ふつうに計算しても解けないし、論理的に攻めることすらできない。常識をもってしても、理解しがたい答えなのだ。

このパズルを解くには、あらゆる思い込みを捨てる必要があり、そこがこのパズルの意味深いところである。このパズルの出題者は、面食らうような問いにどう対処するかが見たいのだろう。

正解ではないが、独創的な答えがいくつかある。次に紹介するのが、おそらくもっとも独創的だと言えるだろう。

「鏡は上下も逆転させるが、上下の向きを直す必要があると脳が認識し、反転させてしまうから」

賢明な答えだが、ではどうして左右の反転を「直す」ことはしないのか？

このパズルを解くにあたっての重要な鍵は、問題自体が絶望的な混乱に向かっている、と気づくことだ。問題文にしたがって答えを出そうとしても、永遠に解けない。それに、人間が使っている言語では、このパズルを正確に解析することはできない。

よって、問題文に対して異論を申し立てるのが最適な対応と言える。

鏡は必ずしも、左右または上下を逆転させせない。

このパズルでは、面接官から提示された前提に異議を挟むことになっても、自らの考えを表明しようとする意志が試される。ある志望者の答えを紹介しよう。

「私はこの問題自体が正しくないように思います。鏡は左右を逆転させません。逆転させるのは手前と奥です。つまり、鏡は手前と奥を反転させるのであって、左右は反転させないのです。北に向けて鏡を置き、その前に立ちます。そして、左手（西の手）を振ります。すると、鏡像も西の手を振ります。このことからわかるように、鏡は左右を逆転させていません。

ですが、左右を逆転させているという誤解は広く浸透しています。それは、たとえば、Aという人がBという人と向かい合わせになったとき、Aは、Bが自分のほうを向いていると思うことが原因でしょう。ですが、Aが鏡に自分を映したときには、逆転されていない自分の姿を見ることになるのです」

このテーマについて書かれた本もあるが、ここではその内容に触れないでおく。

23 コーラの缶のくびれ

このパズルは、マイクロソフトをはじめとする多くの企業面接でとりあげられたので、今では使い古された感がある。だが、一九六〇年代に流行したベルボトムと同じで、一度

は時代遅れだと思われても、流行は再びおこるものだ。個人的には、飲料容器の製造業以外の仕事にとっては有益なパズルだとは思えないのだが、以前にブームとなった問題であり、最近また出題する企業も出てきたので、本書に収録することにした。

Q　コーラやビールの缶の上部と下部が細くくびれているのはなぜでしょう?

まず、ほぼ全員が、「缶の強度を上げるため」、それも、「炭酸飲料の内圧に耐えるため」と答える。それは間違いではないが、やはり最初にひらめく考えは、満足のいく答えではない。実際、はじめて登場した炭酸飲料の缶に、くびれはなかった。つまり、くびれさせて缶の強度を上げてはいなかったのだ。

缶の上と下をくびれさせるようになったのは、技術的な都合というよりも、経営上の都合である。くびれさせた分だけ金属も飲料も減らせるので、コストカットになるのだ。微々たる削減ではあるが、何千万もの缶となれば相当な金額になる。

缶が非常に薄いアルミで作られるようになると、上部に技術的な問題が生じた。缶の上部はプルトップを開ける力に耐えなければならないので、構造上もっとも強くなければばならない。したがって、上部の直径をできるだけ小さくする必要があると製造者は考えた。それには、上部付近に斜角をつけて、缶自体の直径よりもわずかに小さくする必要があった。この斜角が上部のくびれである。そして、積み上げやすいよう、缶の下部も同様にくびれさせているのだ。

マイクロソフトのブログには、コーラの缶の質問の逸話が多数載っている。入社を果たしたソフトウェア開発者の答えは、次のようなものだった。

「それは、強度のために違いありません。野菜の缶詰は上下にくびれはありません。野菜と炭酸飲料の違いは、内圧です。缶を開けるときに内圧が高すぎるのは困りますが、熱気のこもるトラックのコンテナの中で数時間揺られたら、内圧はかなり高くなります。だから、缶の底面もくぼませてあります。内圧が高くなることをかんがみて底面をくぼませているから、くぼみの部分が膨張した缶を目にすることがあるのです」

では、マイクロソフトのインターンシップに応募して不採用となった学生の解答を紹介しよう。なぜ不採用となったのか、考えてみてほしい。

「角が角ばっていては、圧力をうまくコントロールできないのではないでしょうか。形状が丸ければ丸いほど、内圧（もしくは外圧）に耐える力が強まります。ですが、球体では扱いにくい。積み重ねるときや机の上に置くときに転がらないようにするには、底面と飲み口面をある程度平らにしなければなりません。ですから、円柱状の上部と下部をくびれさせれば、最適な結果が得られるのです」

24

シナリオ問題　電気工

このパズルは、「シナリオ問題」とも呼ばれ、ネットワークセキュリティ担当者の選定と教育を目的として、ISECOM（オープンソースのための非営利共同コミュニティ）の責任者、ピーター・ヘルツォーク氏がつくり出した。本来は、1つの章を設けるべきジャンルのものかもしれないが、発想力や分析能力、観察力を鍛えるのにふさわしいため、この章に入れておいた。

実際の面接では、質問に答えるごとに、ヘルツォーク氏と志望者で答えについて話し合う。実は、この話し合いこそ、シナリオ問題の神髄だ。

また、スピードも要求され、解答時間は、1問につき1分が目安とされる。

Q

あなたは電気工です。
目の前には天井から照明がぶら下がっていて、電気のスイッチは背後の壁にあります。照明はついた状態です。

1 電気を消す方法を10通り挙げてください。
2 電気が機能する要因を10通り挙げてください。
3 電気が消えている状態かどうかを判断できる方法を10通り挙げてください。
4 他の人には電気が消せないようにする方法を10通り挙げてください。

ヘルツォーク氏が求めるのは、緊張する状況下にあっても臨機応変に頭を働かせ、説得力のある答えを素早く出せる人材だ。したがって、好印象が持たれる解答というのはあるが、解答の正誤が問われることはない。

独創的な答えも、ふつうの答えも歓迎されるが、特に理想とされるのは、質問の内容に関係するプロセスを十分に理解していることを示すような答えだ。

たとえば、1つ目の質問の答えとして特に多いのが、次の5つだ。

1　スイッチを切る。
2　電球を壊す。
3　配線を切る。
4　電流を過負荷になるまで流す。
5　部屋に通じる電流を切る。

このほか、社会工学の知識を持つ志望者は、次のような答えをした。

「誰かを雇います」

また、次の答えは愛らしいとも言えるが、実のところ、照明についての認識論的パラドクスを表している。

「目を閉じます」

志望者の専門知識がうかがえる答えも、当然多数出てくる。量子物理学を学んだ志望者は、次のような答えを出した。

「電球の光と厳密に逆位相となる波長の光を放てば照明は消えるので、その機器を発明します」

さて、求められているのは、10個だ。あなたはどんな答えを挙げるだろうか？

LESSON 2

数学のいらないロジカルシンキング問題

本章に収録しているパズルは、
3分もあれば解ける問題ばかりだ。
数学的なものもあるが、複雑な計算はいらない。
数学の得意不得意に関係なく、
理屈だけで解ける。
直感力、創造力、洞察力を
訓練する問題として
役に立つだろう。
実際、それらの能力を
見るためのものとして、
面接試験でも、よく出題されている。

25

3色ゼリービーンズ

まずはウォーミングアップとして、やさしい問題。電話面接で用いられることもある。

Q

赤、緑、青のゼリービーンズが入った容器があります。目を閉じたまま、同じ色のビーンズを2つ取り出すには、最低いくつ取り出せばよいでしょう?

それぞれ3分の1ずつの確率のものを2つだから9つだと、下手な数学は使わない。少し考えればわかる。最初にとった3つの色がばらばらでも、容器の中には3色しか入っていないので、4つ目は必ずどれかと同じ色になるはずだ!

ちなみに、この手の問題を解く基本を覚えておこう。n色のビーンズが入っている容器から「n+1」個のビーンズを取り出せば、同じ色のビーンズが必ず2つある。

A

4つ

26

黒い靴下と白い靴下

ゼリービーンズの問題と似ているが、不確定な要素がつけ加えられている。そして、問題を解く手がかりは、問題に隠れている！

Q

タンスに靴下用の引き出しが３段あります。

それぞれの引き出しに、「白」「黒」「両方」とラベルが貼ってありますが、どの引き出しの中身もラベルと一致していません。

引き出しの中身は、「白い靴下だけ」のもの、「黒い靴下だけ」のもの、「白と黒の靴下が混ざっている」ものの３つです。

目を閉じて引き出しを開け、そこから1足の靴下を取り出してから、目を開けます。

その結果から、ラベルと中身を一致させてください。

ただし、開ける引き出しは1つだけ、目を開けたあとも、引き出しの中身は見えないものとします。

このパズルでは、「どの引き出しもラベルと一致していない」という点が重要な鍵だ！　それに気がつけば、もうおわかりだろう？　「両方」のラベルが貼られた引き出しから靴下を1足取り出せばいい。その靴下が白なら、引き出しの中身は「白い靴下だけ」だ。

念のために説明すると、「白と黒の靴下が混ざっている」はずがないからだ（そうでないと、ラベルと中身が最初から一致していたことになってしまう！）。で、あとは、残りの2つのラベルを入れ替えればよい。

取り出した靴下が黒なら、中身は「黒い靴下だけ」なので「黒」のラベルに替え、残りの2つを交換する。

「どの引き出しもラベルと一致していない」という部分が大きなヒントで、この条件のおかげで、1つの引き出しから靴下を1足取り出すだけで解決できるというわけだ。

アメリカの医療IT企業アペリオの技術部門責任者は、「プログラマー志望者でこのパズルが解けないと厳しい」と言うが、それはそうだろう。

「このパズルの魅力は、『決まった回数の作業で解決する』という単純さにあるが、プログラムの設計では、始終、同じような問題が起こる。

『汚染された錠剤（第45問参照）』もそうだが、プログラマー志望なら、ぜひともこの問題は解いてもらいたい。このパズルはむしろやさしいほうなので、ヒントなしでわかるべきだろう」。

A

「両方」のラベルの引き出しから靴下を1足取り出す。

なお、マイクロソフト社の面接でも、同じ問題が次のような形で出題されたことがある。

Q

3つの自動販売機があります。
それぞれに、「コーラ」「スプライト」「コーラかスプライト」と札がついています。どの販売機も、札と中身が一致していません。
1缶買うのにクオーターコイン（25セント）1枚必要です。
札と中身を一致させるには、何枚のコインが必要になるでしょう？

答えは、もちろん「1枚」。「コーラかスプライト」の札が下がった販売機で1缶買えば解決する。

27

最後に残るおはじきの色は？

おはじきを使った古典的なパズルだ。

Q

箱の中に白いおはじきが13個、黒いおはじきが15個入っています。
また、箱の外には黒いおはじきが28個あります。
箱の中から無作為に２つのおはじきを取り出します。
２つの色が異なれば、白を箱に戻します。
同じ色なら２つとも戻さずに置いておき、
代わりに箱の外にある28個の黒いおはじきから２つを箱に入れます。
この作業を、箱の中の残りが１個になるまで繰り返します。
では、最後に残ったおはじきは何色でしょう？

＊ヒント：必ず2個1組で取り出すことに注目！

直観で解く人と、しらみつぶしにやって解く人が出てくるが、こういう問題が面接で出された場合、理想的だと見なされるのは、次のような解答だ。実にスマート！

「おはじきを箱から取り出すときは、必ず2個1組です。そして、もともと箱の中に入っている白の数は奇数です。ということは、白はつねに1つ余る状態になるので、条件にしたがって作業を続けていけば、白が最後の1つとして残るはずです」

A

最後に残るおはじきは白。

28

スイレンの葉

これも、とてもやさしい問題なのに面接試験でよく出題されるところをみると、間違える人が多いのだろうか？

Q

毎日2倍ずつ大きくなるスイレンの葉が池に浮かんでいます。

60日目に完全に池を覆う大きさになるとしたら、

その半分の大きさになるのは何日目でしょう?

A
59日目

言うまでもなく、よくある誤答が、「30日」。最初にひらめいてしまうのだろう。でも、もう一度問題を読み返してみればわかるだろう。毎日2倍ずつ大きくなるのだから?

なお、このパズルは次のような形で出題されることもある。不思議なことに、年単位の計算になると、なぜか間違える人が増えるようだ。

Q

毎年2倍ずつ伸びていく木があります。最大値に達するのは20年後です。では、最大値の半分に達するのに何年かかるでしょう?

A
19年

29

南京錠と暗号

暗号の中でもっとも単純なパズルの1つだ。

Q

あなたは、非常に高価な品を友人に送ろうとしています。
手元には、その品を入れるのに十分な大きさの箱と、いくつかの南京錠があります。
箱には南京錠をつけるリングがあります。
そのリングは錠をかけても十分な余裕ができるほどの大きさです。
友人は、あなたの南京錠を開ける鍵は持っていません。
どうやったら安全に品物を送れるでしょう?

＊ヒント：たとえ別便でも、鍵だけを送ることはできない。
配送中に鍵をコピーされる危険性があるので。

この錠のかかった箱の話は、「公開鍵暗号」(対になる2つの鍵を使ってデータの暗号化・復号を行う暗号方式）の説明でよく用いられる。考え方に共通する部分があるからだが、ひょっとしたら、単に、安全に暗号をやりとりする（解読の鍵を大勢に知られないようにする）のは現実的に可能だということを言いたいだけなのかもしれない。

というわけで、このパズルは、速くて簡単なため電子メールでも活用されている「暗号」の仕組みを問うものだ。電子メールの場合、どのように行われるかというと……。

たとえば、秘密のメッセージを友人に送りたいとする。業者や無料の暗号化ソフトが信用できないので、独自の暗号を使う。暗号の鍵を知っているのは自分のみ。受取人である友人すら知らない。

まず、秘密のメッセージを暗号化して送る。受け取った友人は、その暗号に独自の暗号をつけ加えてあなたのもとに送り返す。あなたは自分の暗号を外し、友人に送り返す。そこで友人は自分で仕掛けた暗号を外し、晴れてメッセージが読める、というわけだ。

さて、南京錠の場合は？「リングは錠をかけても十分な余裕ができるほどの大きさ」である必要があったことがこれでおわかりいただけただろう。

A **箱の中に品を入れ、錠をかけて友人に送る。受け取った友人は、それに自分の南京錠をつけて送り返す。箱が届いたら、あなたがつけた錠を外し、また友人に送り返す。**

そうすれば、残るのは友人がつけた南京錠だけなので、友人が箱を受け取って錠を外せば品を取り出せる。

30

赤く塗られたサイコロ

これも、「どこが難問か！」と怒られてしまうかもしれない。確率を求めるように言っているが、確率の問題ではなくて、理屈の問題だ。

Q

全面が赤く塗られた3インチ四方のサイコロがあります。
これを、1インチ四方の立方体に切り分けます。
切り分けてできた立方体を集めて、平らな場所に放ります。
そのときに、上を向いた面がすべて赤になる確率はどのくらいでしょう？

このパズルを解くには、サイコロが縦横に3等分される絵柄を思い浮かべる必要がある。そうすれば、切り分けたときにできる中心部分の1つの立方体には、サイコロの表面に出ていた面、つまり、赤く塗られた面は1つもないことがすぐにわかるだろう。

A 上を向いた面がすべて赤になる確率はゼロである。

31 時計の針

これも有名な問題。ペーパー試験で出されれば、1分もかからないだろうが、面接などでいきなり尋ねられると、意外と手こずる人が多いようだ。

Q

文字盤の時計を思い浮かべてください。
3時15分のときに長針と短針がつくる角度は何度でしょう？

時計は12時間で360度。ということは、短針は、1時間で30度進む。3時では、短針は「3」を指しているが、15分後、つまり4分の1時間後には、30度の4分の1度、すなわち7・5度だけ「3」から進む。一方の長針は、15分を示す「3」を指しているわけだから——

A　7・5度

ちょっと簡単すぎた。では、次の問題はどうだろう。

Q　長針と短針は、1日に何回90度をつくりますか?

まずはわかりやすい答えから見ていこう。1時間につき、長針が短針の先にある場合と手前にある場合の2回、90度になる瞬間があることは想像できると思う。

そうか、だったら、1日24時間だから、48回だ!　と解答を急いではいけない。2時と3時の間、そして3時と4時の間は、それぞれ1回ずつしか90度にならない!　納得できない人は、腕時計を見て確かめてみてほしい。

というわけで、48回から、午前と午後合わせて4回分を引いたものが、答えだ。

A
44回

32

針の重なり

時計を使った問題をもう1つ。

Q

文字盤の時計を思い浮かべてください。長針と短針は、1日に何度重なり合うでしょう?

「針が重なり合うのは1日に12回」。そして、倍にしないといけないことに気がついて、「1日に24回。なんて楽な問題なんだ!」と思ったとしたら要注意だ! それではあまりにも簡単すぎる。ここは、何かあるに違いないと考えていただきたい。

だいたいが、直観的に、1時間では追いつけないぞ、とわかるはずだ。

仮に12時から、長針と短針がヨーイドンして、長針が12のところに戻ってきたときには、短針は、1のところにいるわけだから（短針だって、1分につき長針の12分の1の割合で進んでいるのだ！）。となると、重なるのは、だいたい1時5、6分かな？ すると、長針が重なるのは、1時間に1回ではなくて、65分ぐらいに1回かな、と気づくだろう。で、1日24時間、1440分を65で割って、だいたい22回かな？ と考える。

この答えは、正確ではないが、これが面接だったら、面接官は満足して、次の問題に移るだろう。けれども、正確な計算を求められたときに備えて、模範解答例を載せておこう。

「長針と短針が時計上で動く角度について見ていきます。

円は360度なので、長針は1時間に360度動く。短針は12時間に360度、すなわち1時間に30度動きます。

問題は、短針が360度先に進んでいるとした場合、長針が短針を『つかまえる』のに何分かかるか、ということです。

360度先に進んでいる短針を、長針がつかまえるのにかかる時間をχ時間とすると、長針が動く角度（＝χ×360度）は、短針が動く角度（＝χ×30度）に最初の360度を足したもの（χ×30度＋360度）と等しくなるはずです。

これを式で表すと、

３６０χ＝30χ＋３６０

３３０χ＝３６０

χ＝３６０／３３０

＝12／11

つまり、12／11時間かかります（先ほどの概算の65分の正確な数値が、12／11時間だったわけだ！）。では、この先も24時間、ぐるぐる回るとして、24時間の間には何回つかまえられるかというと、24時間をこの数値で割ればいい。で、22。

よって、１日に長針と短針が重なる回数は22回です」

なるほど！（小学算数の旅人算だ！）でも、そんな面倒なことをしなくても、もっと簡単に、あっさりと解いてしまった人もいる。この解答が、何の能力に秀でていることの証明になるかは知らないが、私が採用担当者なら、この解答者を雇うだろう。それは次のような答えだ。

「長針は24時間で24周し、短針は24時間で2周する。つまり、短針が2周する間に、長針は24周するわけですから、短針は長針に、24マイナス2回抜かれることになります。抜いた瞬間重なるので、長針と短針が重なる回数は、24－2＝22回です」

A **1日に22回重なる。**

33

誰がために鐘は鳴る

これも時計に関するパズルだが、先ほどのものとは毛色が異なる。シンプルな問題ほど、簡単に答えがわかった気になってしまうので注意しよう。

Q

時計塔の鐘が6時に6回鳴るのに5秒かかります。
では、正午12時の鐘が鳴るのに何秒かかるでしょう?

もちろん、10秒ではない。それでは、パズルにならない。かといって、そんなに複雑に考えることはない（こちらは、小学算数の植木算だ）。鍵は、秒数は鐘の回数を表すのではなく、鐘が鳴り終わってから次の鐘が鳴り始めるまでの時間を表すということ。いわば、この5秒は、6回の鐘が鳴る間に生じる沈黙の数だ。正午には12回鐘が鳴るので、11回の沈黙が生じる。で、正午の鐘には11秒かかるというわけ。

A

11秒

34

ケーキを切る

こちらも、小学生でもできる図形パズルだ。ただし、この図形パズルには答えが2つある。両方ともわかったら大したものだ。ただ、面接の場で両方の答えを提示するなら、ここで紹介している順に答えたほうが無難だろう。理由はあとで。

Q

直方体のケーキがあります。

ただし、そのなかに直方体に切り取られている部分があります。
このケーキを2等分するにはどうすればいいでしょう。
ナイフはまっすぐに1回しか入れてはいけません。

まず、ケーキの図を頭に浮かべてみよう。端から切り取られているのか、くり抜かれているのか、どちらにも対応できる答えでなければいけない。さて、どうする?

現役の小中学生のほうが有利かもしれない。鍵は、「長方形の中心点を通る直線は、長方形を2等分する線」であると気づくかどうかだから。

だから、切り取られた部分がなければ、長方形を2等分する線は無数にある。が、切り取られた部分があるなら、2等分できる直線は1つしかない。長方形の中心点と切り取られた長方形の中心点の2点を通る直線だ。

切り取られた長方形の中心点を通っていれば、空白の部分も2等分されるので、2等分されたケーキの空白部分も等しくなるからだ。

では、もう1つの答えについて見てみよう。

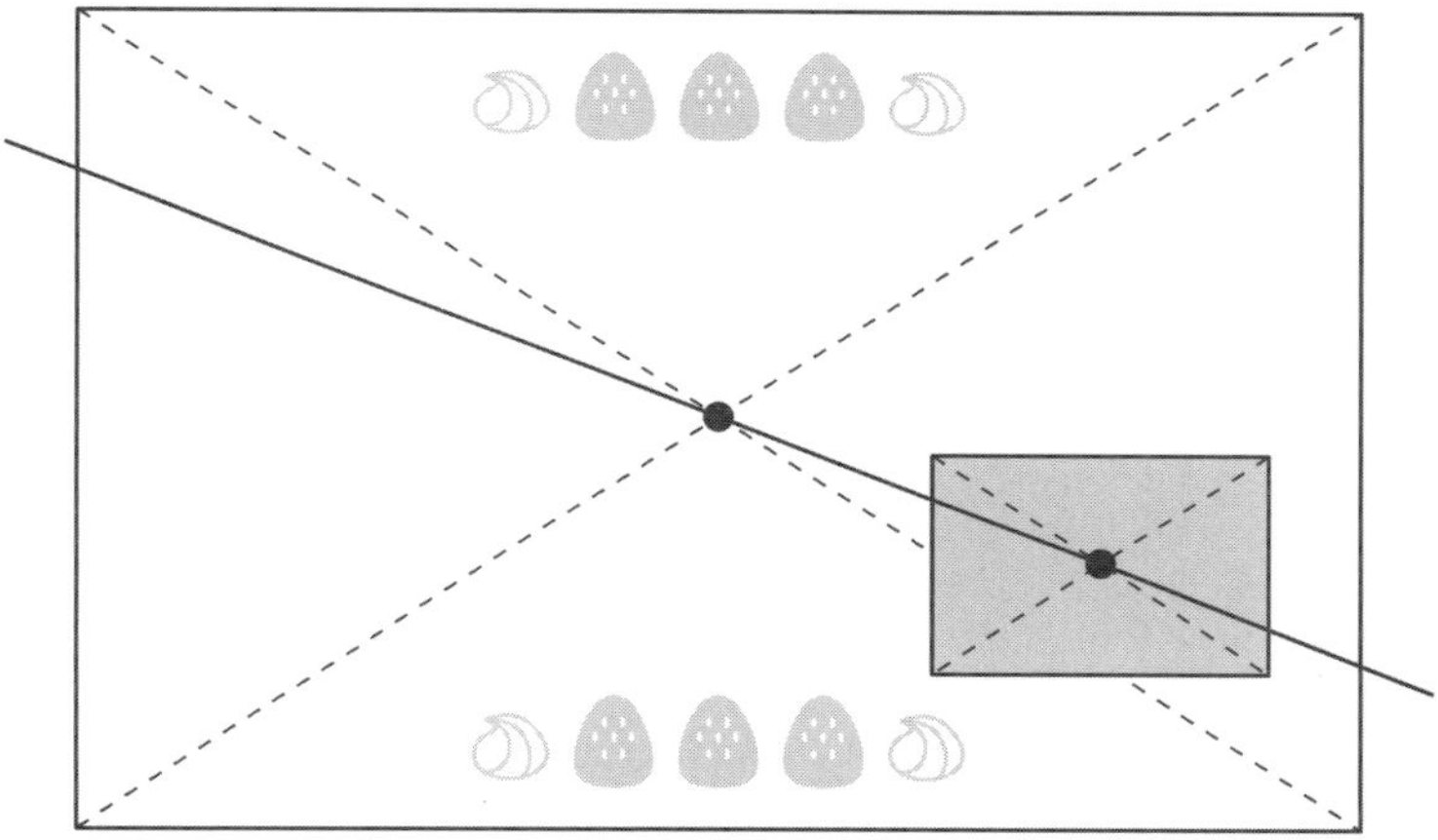

ケーキを切るといったら、ほとんどの人が垂直にナイフを入れると想像するけれども、水平に2等分だってできるはずだ！

このやり方を思いついた人は、自分の独創性ににんまりしていることだろう。

ただ、面接の席でこれだけ答えて面接官から評価されるかどうかはわからない。少なくとも、表面のアイシングやクリームが好きな人には、受け入れられないだろう。

さらに、もっと厳しいことを言えば、切り取られた部分の長方形に角度がついていたら、水平に切り分けたのでは平等にならない。

つまり、ただの直方体ならよいけれど、ケーキの場合は、いろいろとやっかいなのである。

35

竜と騎士

実際に、テキサス州のＩＴ企業の面接で出題されたパズルだ。面接のパズルにしてはやや複雑かもしれないが、戦略についてしっかりと議論ができる。この問題が明快に解決できるなら、ビジネス上の複雑な取引条件もうまく扱える、かもしれない。

Q

竜と騎士が無人島に取り残されています。

この島には井戸が７つあり、１番から７番まで番号がついています。

どの井戸の水にも毒が入っています。

ただし、井戸の水を飲んでも、その井戸よりも大きい番号の井戸の水を数分以内に飲めば助かります。

たとえば、４番の井戸の水を飲んだら、５、６、７番のどれかの水を飲めば助かりますが、そうしないと死んでしまいます。

７番の井戸は山頂にあるので、竜には飲めますが、騎士には飲めません。

ある日、「この島は、竜と騎士の両者が生きていくには小さすぎる」という結論に達し、決闘することになりました。

決闘の武器は井戸の水。

それぞれがコップに入れて持参し、相手が指定したコップの水を飲むのです。

ただし、コップの水がどの井戸のものなのかは、飲んでもわかりません。

この決闘の後、騎士は生き延び、竜は死にました。

竜も騎士も、合理的な考え方の持ち主です。

騎士はどんな戦略を用いて竜を負かしたのでしょう?

＊ヒント：枠にとらわれないだけでなく、島にとらわれずに考えるのも大事。

まず、問題からわかる事実を確認しよう。

竜も騎士も、騎士は7番の井戸の水は持ってこられないことを知っている。

ということは、竜が騎士に飲ませるのは、7番の水、もしくは6番の水だ。7番の水の解毒作用を持つ井戸はないし、7番の井戸には騎士は行けないのだから。

そこで、騎士は、竜が7番、もしくは6番の水を自分に飲ませるものと予想し、1番の水（もっとも毒性の弱い水）と2番の水を用意する（ここがポイントだ！）。そして、竜から指示された水を飲む前に、1番の水を飲み、その後直ちに、竜が指定したコップの水

（たぶん1番よりも大きい数の井戸の水）を飲むのである。そう、飲んだ水が、1番の水の解毒剤となるわけだ！

でも、もし、竜がこの裏をかいて、1番の水を飲ませたのだったら？

そうだ、そのリスクも回避しなければならない。なにしろ、命がかかっているのだから。失敗は許されない。念には念を入れる。ビジネスと同じだ。

そこで、騎士は再度1番の水を飲み、その後直ちに、2番の水を飲む。そうすれば、たとえ竜が指定したコップに1番の水が入っていたとしても、最終的には1番の後に2番の水を飲んでいるので助かるというわけだ。

では、騎士は、竜に何を飲ませたらいいのか？　竜は、騎士が7番の井戸の水は持ってこられないことを知っているから、6番以下のどんな水がきてもいいように、7番の水を用意しているはずだ。さて、どうする？

答えは、海水。竜は、1から6のどれかの井戸の水だと思って飲み、すぐさま持参した7番の水を解毒に飲むはずだ。けれども、実際は、海水を飲んだ後に毒の入った7番の水を飲むことになるので助からない、というわけ（でも、竜が飲んだ瞬間、塩からいので、海水とわかって、持ってきた水を飲まなかったら？　だいじょうぶ、竜には、そんなデリケートな味覚はない。ということにして、ここは素直に感心してほしい）。

A

竜に海水を飲ませる。

36

ボーイング747

これも、マイクロソフトで一時期よく出題された往年の名作パズルだ。今ではあまり出題されなくなったが、知っていて損はない内容だ。LESSON5の「フェルミ推定問題」に含めてもよかったが、これには「正解」があるし、正解に限りなく近い数値を出せる見事な方法もあるので、本章に入れてみた。

Q

はかりを使わずにボーイング747の重量を量ってください。

＊ヒント：重量の置き換え、またはタイヤの圧力。

このパズルにはたくさんの解き方がある。面接で期待されるのは、機体を航空母艦のような大きな船に乗せる方法だ。そのときの水面の高さを船体に記したあとで、機体をどかし、次に、たとえば１００kgのセメント袋など、重量がわかっているものを、船体が印をつけた部分まで沈むまで積む。その重量が、機体の重量、というわけだ。

もちろん、機体を載せる前の船の水位を測ってから、機体を載せた状態の船の水位を測り、その差の体積を算出し（もし、船の大きさがわかれば、だが）、それに海水の密度をかければ、機体の重さが出る。

でも、次のやり方のほうがスマートだと言うキャリアカウンセラーもいる。彼が教師だったころ、実際、生徒たちに自動車の重量を求めさせたときの方法だそうだ。

「滑走路に接する、タイヤのゴムの面積を測ります（定規と薄い直定規を使うと簡単に測ることができる）。そして、タイヤの圧力も測り、圧力と面積をかけます。その解が機体の総重量です。

ボーイング７４７－４００型でいうなら、主脚に16個、前脚に2個のタイヤがあるので、それぞれの接地面積を１７５平方インチ（約１１２８㎠）と想定します。また、各タイヤの圧力を、１２５ポンド／平方インチ（約８・８kg／㎠）と想定します。

これらの数値を使って計算すると、18（タイヤ）×175（平方インチ）×125（ポンド／平方インチ）＝39万3750ポンド（約17万8601kg）となります。

タイヤのリムも機体を支える一役を担いますが、実質的に支えているのは、地面と接するゴムです。そのゴムを支えるのは圧力（ポンド／平方インチ）です。一定の面積につき一定の力が必ず作用するので、それが機体の重さを表すのです」

ボーイング社のウェブサイトを見れば、具体的な数値データが載っている。ボーイング747－400型の空っぽの機体の重量は39万8780ポンド（約18万8883kg）とある。驚きだ！　右の方法で算出した数値に驚くほど近い。

ただ、タイヤの圧力は、どうやって測るのだろうか？

37

レンガを船外に

その昔、シラクサのアルキメデスは、ヒエロン2世がつくらせた王冠の金の純度を確かめるように頼まれた。そのときと、ほぼ同じ状況だ。当てずっぽうで当たっても意味はない。ちゃんと論理的に説明できなければ正解とはならない。

Q

あなたが乗っている船からレンガを船外に投げ捨てると、水位は上がりますか？　それとも下がりますか？

船に積んであるレンガは、レンガと質量が同等の水（A）に置き換えられる。水中に投げ込まれたレンガは、レンガの体積分の水（B）に置き換えられる（アルキメデスの原理）。

レンガは水より密度が高い。つまり、レンガと同じ質量にするには、レンガの何倍もの体積の水がいる。要するに、AのほうがBよりも多いということだ。

したがって、船に積んである状態のレンガのほうが、水中に投げ込まれたレンガよりも、置き換えられる水量が多いので、水位は下がる。

A

水位は下がる。

38

クマは何色？

これは世界的に有名なパズルだ。この問題にはじめて出会う人は少ないだろうし、一度答えを知ってしまえばそれまでだ。にもかかわらず収録したのは、その次に提示しているやっかいなパズルの頭慣らしのためだ。

Q

猟師がテントを張り、そこから南に10キロ、東に10キロ歩いていきました。そこで彼はクマを撃ち殺し、北に10キロ歩いてテントに戻りました。クマは何色でしょう？

クマの色は白だ。なぜなら、北極には北極グマしか生息していないのだから。そして、この猟師のテントが存在する場所、南に10キロ、東に10キロ歩いた後に、北に10キロ歩いてスタート地点に戻る場所は、地球上に1カ所しか存在しない——北極だ。というわけで、答えは白。

さて、ここからが本題だ。ちょっと待てよ。ほんとうに1カ所しか存在しないのだろうか？　次の問題を見てみよう。ただし、この白クマの問題と似ているようでいて、実は、まったく違う性質の問題だ。

Q

南に10キロ、東に10キロ、北に10キロ歩くと出発地点に戻る場所は、地球上に何カ所あるでしょう？

＊ヒント：南極は？

問題に当てはまる場所といえば、まず北極だが、実は、この条件を満たす場所は、地球上に無数にある！　次の解答を参考にしよう。

「まず、北極があげられますが、南半球にもそういった場所はたくさんあります。『10キロ南に歩いたら、円周の長さがちょうど10キロとなる円の緯度上に達する地点』が南極付近にあります。

ということは、南極点から10キロと、円周10キロとなる円の半径（10キロ÷π÷2）分

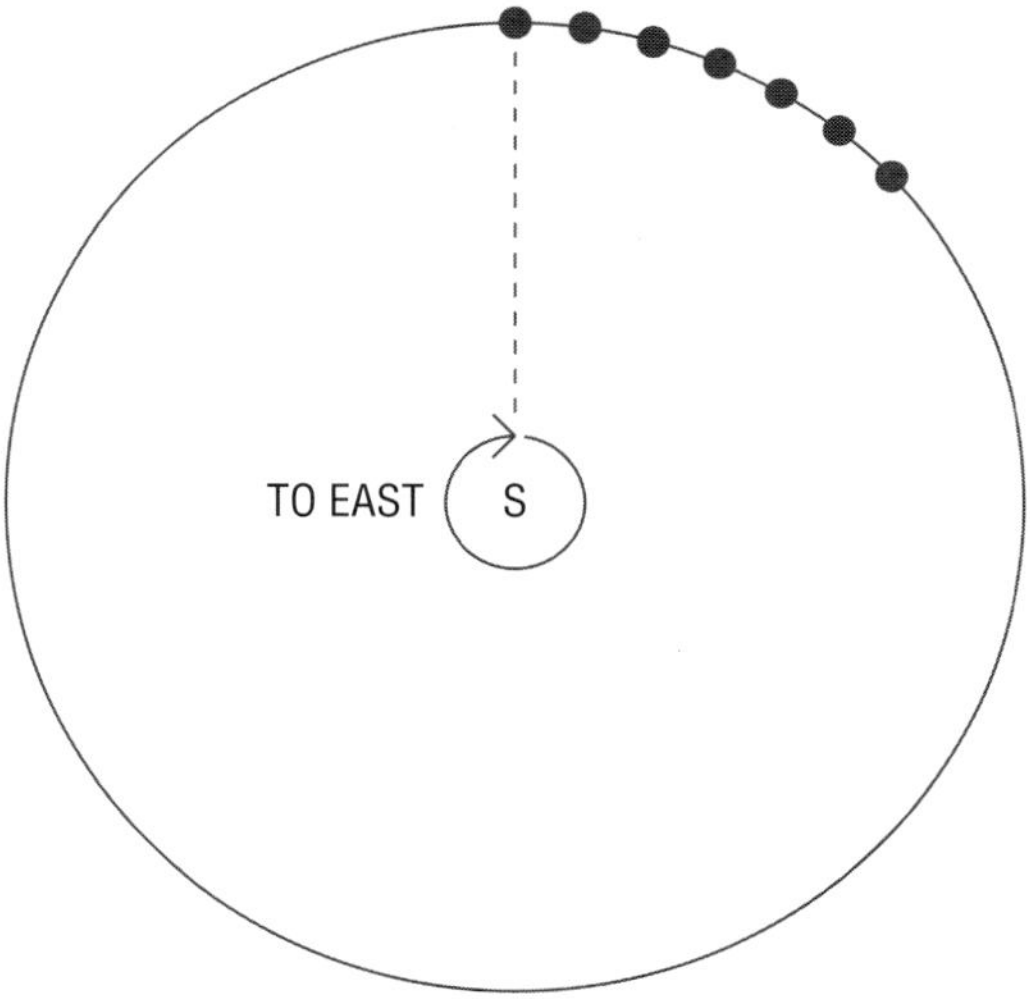

（$10+5/\pi$ キロ）離れた地点の円周上であれば、どこから出発しても条件を満たすことになります。10キロ南に進むと、長さ10キロの円周上に来るので、そこから東に10キロ進むということは、この円を1周することになるからです。

したがって、南極から半径約11・59（$10+5/\pi$）キロ離れた緯度上であれば条件を満たすことになり、その場所は無限にあります」

ここで、感心して終わってはいけない。すでに無限にあるが、実はまだある。

「東に10キロ進むのに、半径 $5/\pi$ キロの円では1周になりますが、2周や3周して10キロになってもいいはずです。それには、もっと南極に近い円（たとえば、10キロに

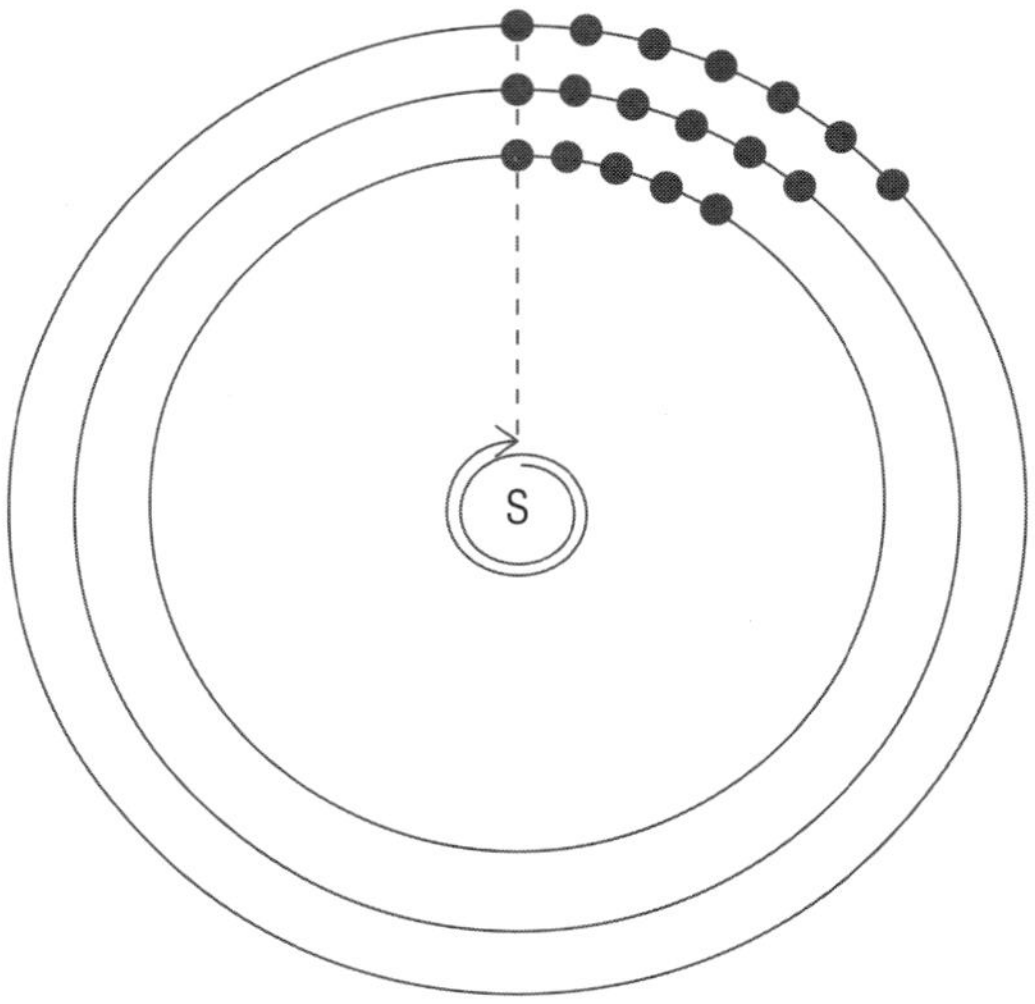

2周かかるなら、半径$\frac{5}{2\pi}$キロの円）に到達するように、出発地点を近づければいいのです。そうすると、さらに無限の場所があります」

A 無限にある。

39

半導体ウエハー

さて、ここでもう一度、基本パズルに戻ろう。運用スキルを試すパズルだとされている。

Q

**あるマイクロチップの加工工場では、シリコン半導体素材1gから、
マイクロプロセッサのウエハーを1つ仕上げます。
ですが、1gすべては使用されません。
ウエハーを5つ作ると、ウエハー1つ作れるだけのシリコンが余ります。
作業員の手元に25gのシリコンがあるとしたら、
最大いくつのウエハーが作れるでしょう?**

＊ヒント：余りに注意。

これは、余剰分を扱う問題の典型だ。製造の工程で発生する、再利用可能な副産物が、この問題における余剰分となる。

まず、25gのシリコンで、25個のマイクロチップのウエハーを作る。この時点で、5g（25÷5）のシリコンが余る。この余ったシリコンで、さらに5個のウエハーができる。だから、ああ簡単、「30個！」なわけはない。そのときにも1gの余りが出るので、もう1つウエハーが作れる！　したがって、25gのシリコンで作ることができるウエハーの最大個数は、25＋5＋1＝31が正解。

ちなみに、もし、面接試験でこういう問題が出たら、最終的に5分の1gのシリコンが余ることも伝えて、アピールしておくとよいだろう。

A

31個

40

登山家

これは、正真正銘の論理パズルだ。だから、明快な論理を展開してみてほしい。

Q

ある登山家が、山に登ろうとしています。登山道は1本しかありません。

午前6時に登山を始め、午後6時に頂上に着き、頂上で一晩過ごしました。翌朝の午前6時に下山を始め、午後6時にふもとに着きました。出発した日も下山した日も、歩く速度は一定ではありませんでした。では、登山と下山の両方で、まったく同じ時間に通る場所が存在する確率はどのぐらいでしょう?

この手の問題では、厳密な計算が必要となることはまずない。面接で出されたとしたら、本当に求められているのは、答えの説明のしかただと思ったほうがいい。論理的に明快に説明するのだ。たとえば、こんなふうに。

「答えは100%です。どうやって検証できるかご説明しましょう。登山と下山の両行程が同時に行われると想像してください。つまり、1人が登山を始めるのと同時に、もう1人の登山家が下山を始めるのです。途中、1人が立ち止まって靴紐を結び直している間にもう1人がまったく休まずに進もうと、2人がすれ違うのは必然です。道中のどこかで必ず出会うのですから、その出会う場所が、この問題の条件を満たす場所となります」

A
100%

41

混ざった薬

こちらも、計算のいらない、プロセス思考のパズルだ。

Q.

重症患者が、錠剤Aと錠剤Bを1粒ずつ毎日飲むように指示されました。
いっしょに摂取しないと、この患者は死んでしまいます。
AとBは見た目では区別できませんが、それぞれ瓶に入って保管されています。
ある日、この患者が薬を飲もうと、
まずAの薬が入っている瓶から1粒手のひらに取り出しました。
そのままBの瓶から薬を出そうとしたら、誤って2粒が出てしまいました。
患者の手には3粒の薬があります。
色も形も同じなので、とても見分けることはできません。
どちらも非常に高価な薬なので、無駄にしたくありません。
では、どうすれば手元の薬を無駄にせず、
1日分の薬を飲むことができるでしょう?

この問題で大事なのは、「錠剤Aと錠剤Bの効能の比率は1対1」という点に着目することだ。錠剤という形にとらわれてはいけない。錠剤は割ることができるのだ！　解決策はさまざまあるが、ここでは2つ紹介しよう。どちらも結果は同じだ。

A

1　Aの瓶からもう1粒取り出す。これで、手元の薬は、AとBが2粒ずつになった。
4粒全部を慎重に半分に切り、半分ずつ摂取すれば、Aを1粒、Bを1粒摂取したことになる。残りは翌日に飲めばよい。

2　Aの瓶からもう1粒取り出す。これで、手元の薬は、AとBが2粒ずつになった。
この4粒をすり鉢で粉状になるまで砕き、よく混ぜる。その半分を飲み、残りは翌日に飲めばよい。

42 握手

数学の世界では、「鳩の巣原理」と呼ばれる組み合わせの問題として有名だが、それは特に知らなくても解けるはずだ。

Q

この面接で採用が決まった人物を頭に思い描いてください。

その人物の歓迎会の席で、
１５３人（採用者を含む）の社員同士が握手をしています。

全員が顔見知りというわけではなく、握手した人数はばらばらです。

誰が何人と握手したかをすべて把握することはできませんでした。

では問題です。「この会場で、同じ数の握手をした人が最低２人いる」と自信を持って言うことができるでしょうか？

どうやって確認すればいいでしょう？

＊ヒント：鳩の巣（区分箱）に入れて考えよう。

まずは事実の確認から始めよう。

わかっているのは、１人が握手した人数は、０人から１５２人の間であること（参加者は総勢153人だが、自分で自分には握手できない！）。

この問題を概念化するには、153人をそれぞれ鳩の巣（区分箱と思えばよい）に割り当てるというやり方がある。握手した人数が1人の社員は「巣1」に、2人の社員は「巣2」といった具合に分類していくのだ。

153人いるので、巣は153個になり、それぞれの巣に1人ずつ割り当てられるまでは、誰かと巣を「共有」することはない。

だが、「巣0」はどうだろう？　誰とも握手しなかった人が入るのだろうか？　もしそうなら、「巣152」に入れる人はいない。これがこのパズルのキモである。誰かが「巣0」に入るということは、その誰かは一切握手しなかったということになるので、「巣152」に入る人（152人と握手した人）はいないことになってしまう。すると、151までの数字のどこかに入る。

このように、153人目の人物を巣に入れようと、握手した人数を尋ねたら、その人は、必ず、すでに誰かが使った数を答えることになり、誰かが入っている巣に入らざるを得なくなる。つまり、握手した人数が同じ人は、確実に2人はいるはずなのである。

A　言える。

43

8個の中から不良品を探せ

このパズルは世界的に有名だし、小学生でもすぐにわかりそうだが、今でも面接で出題されているところをみると、次のような「うっかり者」が少なくないからだろうか。

Q

ビリヤードの玉が8個あります。
その中に、他よりも重い不良品の玉が1つあります。
天秤を2回だけ使って、不良品の玉を見つけてください。

つい最初に、4つの玉対4つの玉を量ろうとしてしまいがちだが、それではうまくいかない。面接でこのような基本的なパズルが出されるとしたら、思考力そのものを見ているのではなくて、その説明のしかたを見ていると思ったほうがいい。そのうえでも、次の答え方は、参考になるだろう。

「4つの玉対4つの玉で量っても、うまくいかないと思います。下がったほうの天秤皿に不良品の玉があることはわかります。ですが、その4つを2つに分けて量っても、不良品を見極めるには、下がった皿に載っていた2つの玉を、もう一度天秤に載せて量らないといけません。これでは天秤を3回使うことになってしまいます。

天秤皿が釣り合っているときは、皿に載っている玉はすべて正規品と見なせます。この事実を利用したいと思います。まずは、天秤皿に3つずつ玉を載せます。天秤が釣り合ったら、不良品は天秤に載っていない2つの玉のうちのどちらかになります。そこで、この2つを天秤に載せれば、下がった方の玉が不良品となります。

3つずつ玉を載せた天秤が釣り合わなかったとしたら、不良品は下がった方の皿にある3つのうちのどれかです。この3つのうち2つを、天秤にかけます。どちらかの皿が下がれば、それが不良品ですし、天秤が釣り合えば、皿に載せなかった玉が不良品です」

44

12個の中から不良品を探せ

先の問題が簡単すぎてつまらないという方、では、これならどうだろう? マイクロソフトのお気に入りのバランスパズルだ。今度は、決して平凡な問題ではないし、知性も要求される。なにしろ、玉の数が今度は12個だし、不良品の特徴もわからない。

Q

同じ形状のビリヤードの玉が12個あります。この中の1つだけ、重さが異なります（軽いか重いかはわかりません）。天秤を3回使って重さの異なる玉を見つけ出し、その玉は他の玉と比べて重いか軽いかも特定してください。

マイクロソフトの面接では、プログラミングスキルのある志望者がホワイトボードに擬似コードを書いて説明したというが、ここでは、通常の言葉による説明を載せておこう。

「12個の玉を3個ずつの4グループに分けると、天秤を2回使えばどのグループに仲間はずれの玉があるかわかりますが、玉を特定するには、もう2回天秤を使う必要があります。天秤の使用を3回以内に収めるには、4個ずつ以上のグループに分けなければなりません。

では1回目の計測として、4個ずつの2グループを天秤にかけましょう。これが釣り合えば、仲間はずれは残りのグループにあります。

釣り合った場合は、2回目の計測として、残りのグループ4個のうち3個を片方の天秤皿に載せ、反対の皿には釣り合った玉のうちの3個を載せます。

これで釣り合えば、仲間はずれは皿に載せなかった玉となり、3回目の計測で他の玉と天秤にかければ、重いか軽いかもわかります。

2回目の計測で釣り合わなかった場合は、その時点で、仲間はずれの玉が、他の玉と比べて軽いか重いかが判明します。仮に重いとしましょう。あとは、3回目の計測として、その3個のうちの2個を天秤にかけ、釣り合わなければ下がったほうの皿に載っている玉が仲間はずれであり、釣り合えば、天秤に載せなかった玉が仲間はずれです。

1回目の計測で釣り合わなかったとしたら、ちょっとややこしくなります。

仮に、左の皿のほうが重かったとしましょう。それと同時に、右の皿に軽い玉が混ざっている可能性があることも覚えておかねばなりません。

そこで、2回目の計測として、左の皿から3個取り除き、天秤にかけなかった4個のうちの3個を載せ、そして、もともと左の皿に載っていた1個を、右の皿のどれか1つと置き換えます（ここがポイント！　次のページの図2参照）。

これで釣り合えば、皿から下ろした3個のうちのどれかが、仲間はずれの重い玉となり、左の皿が軽くなったとしたら、左と右を置き換えたうちのどちらかが仲間はずれとなり、右の皿が上がったままなら、もともと右に載っていた3個のうちのどれかが仲間はずれの軽い玉となります」

1

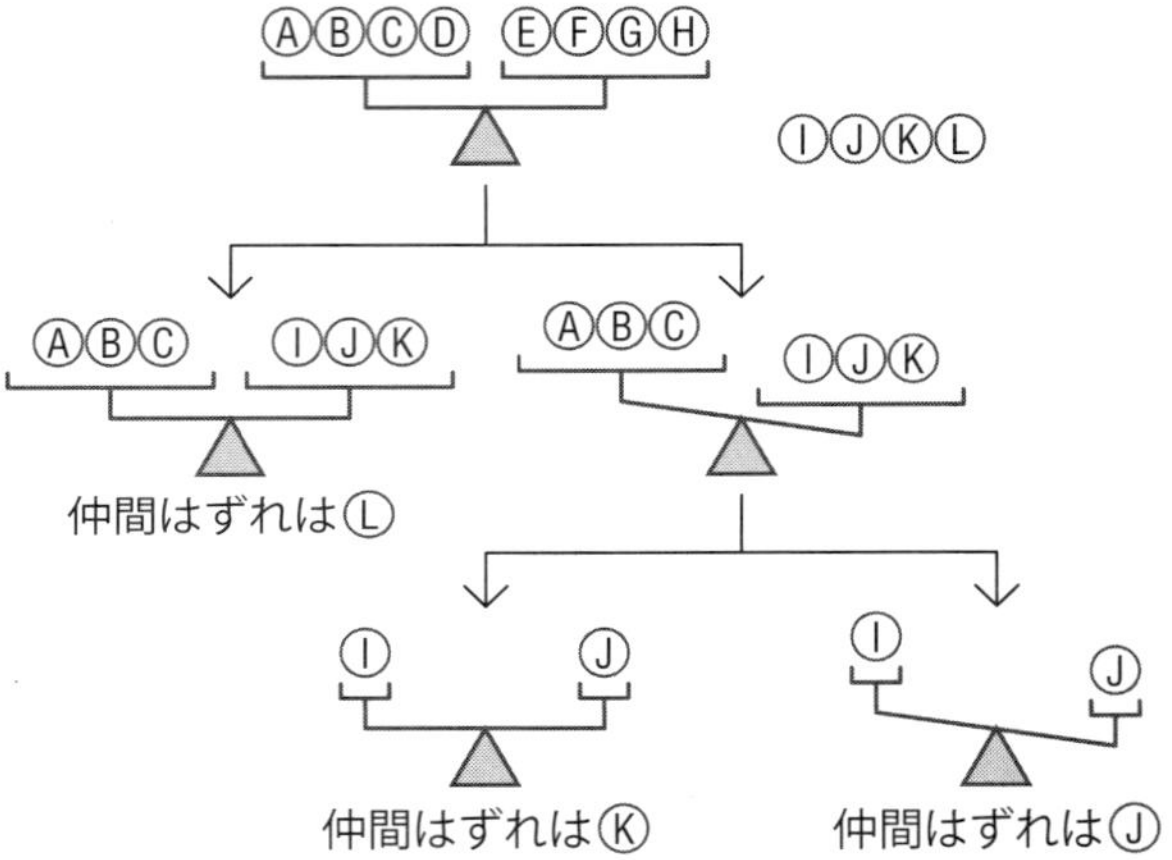
ⒶⒷⒸⒹ ⒺⒻⒼⒽ
ⒾⒿⓀⓁ
ⒶⒷⒸ ⒾⒿⓀ
ⒶⒷⒸ ⒾⒿⓀ
仲間はずれはⓁ
Ⓘ Ⓙ
Ⓘ Ⓙ
仲間はずれはⓀ
仲間はずれはⒿ

2

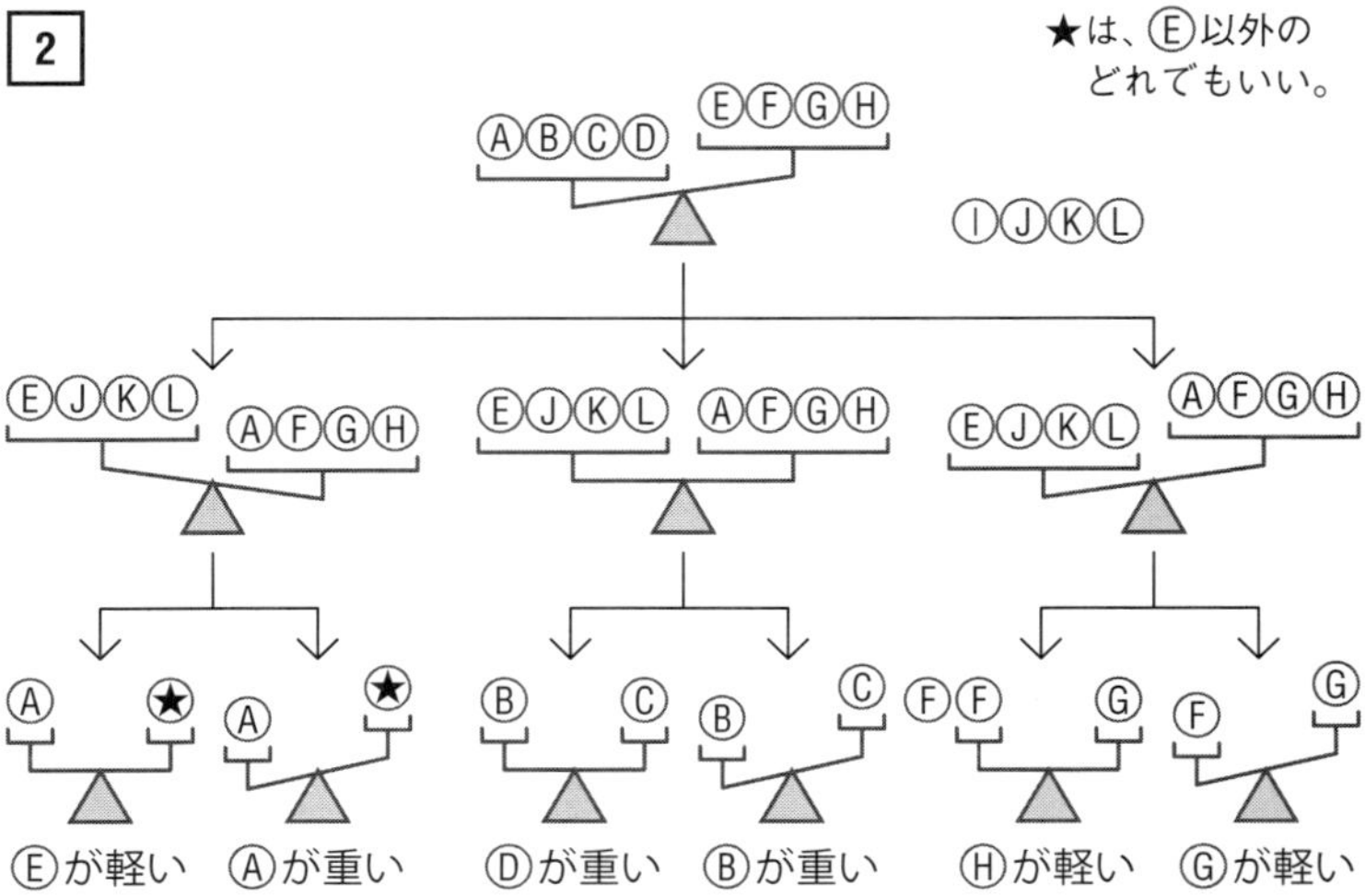
★は、Ⓔ以外のどれでもいい。
ⒶⒷⒸⒹ ⒺⒻⒼⒽ
ⒾⒿⓀⓁ
ⒺⒿⓀⓁ ⒶⒻⒼⒽ
ⒺⒿⓀⓁ ⒶⒻⒼⒽ
ⒺⒿⓀⓁ ⒶⒻⒼⒽ
Ⓐ ★
Ⓐ ★
Ⓑ Ⓒ
Ⓑ Ⓒ
Ⓕ Ⓕ Ⓖ
Ⓕ Ⓖ
Ⓔが軽い
Ⓐが重い
Ⓓが重い
Ⓑが重い
Ⓗが軽い
Ⓖが軽い

45

汚染された錠剤

これもマイクロソフト御用達のパズル。これを解くための非常に優れたアプローチ方法がある。一流のプログラマーやアナリストは、つねにこうした的確なアプローチをするものだし、そうすることが期待されている。

Q

錠剤の瓶が5つあります。
そのうちの1瓶に入っている錠剤は汚染されています。
汚染されたものとそうでないものの違いは、重さだけです。
通常の錠剤は10gなのに対し、汚染された錠剤は9gです。
はかりを1度だけ使って、
汚染された錠剤が入っている瓶を見つけるにはどうすればいいでしょう?

＊ヒント：サンプリング。

これは、技術職の面接で出題される名作パズルだ。引っかけの要素はなく、条件を満たす解決策を求めるにつきる。問題に取り組むにあたり、不要な思い込みをしていないかを確認してそれを取り払えば、答えは導き出せるだろう。オーレ・アイヒホルン氏のブログ、「The Critical Section」での分析方法を見ていこう。

「まずは問題の確認。

1　5つの瓶のどれに汚染された錠剤が入っているのかわからない。

2　はかりは1度だけ使える。

3　そして、汚染された錠剤が入っている瓶を見つけなければならない。

確率5分の1だというのに、1度の計測で何がわかるというんだ。

ここでのヒントは、グラム数が数値で示されているということ。天秤ではなくて、はかりが使えるということ。ここから、答えは、数値を使って導き出されることがわかる。

まず、瓶自体の重さを量ればいい、という考えが頭に浮かぶ。だが、ちょっと考えれば、それは役に立たないと気づくはずだ。かといって、各瓶の1錠ずつしか量ってはいけないということはない。そんな条件は提示されていないし、実際、1錠ずつ量るのでは答えは出ない。

実は、この問題の答えは、瓶ごとに異なる数の錠剤を取り出して量ることで求められる。たとえば、瓶Aから1錠取り、瓶Bから2錠、瓶Cから3錠、瓶Dから4錠取り出す、といった具合だ（瓶Eから5錠取り出してもいいが、わざわざ錠剤を取り出す必要はない。いずれにせよ、答えは出る）。

では、今挙げた例をもとに、想定できる5つのパターンを以下にまとめよう。

瓶Aが汚染されている場合の重さ
：1錠×9g＋2錠×10g＋3錠×10g＋4錠×10g＝99g
瓶Bが汚染されている場合の重さ
：1錠×10g＋2錠×9g＋3錠×10g＋4錠×10g＝98g
瓶Cが汚染されている場合の重さ
：1錠×10g＋2錠×10g＋3錠×9g＋4錠×10g＝97g
瓶Dが汚染されている場合の重さ
：1錠×10g＋2錠×10g＋3錠×10g＋4錠×9g＝96g
瓶Eが汚染されている場合の重さ
：1錠×10g＋2錠×10g＋3錠×10g＋4錠×10g＝100g」

アイヒホルン氏はこのパズルについて、次のように語っている。

「このパズルは、私にとっては『ロバの橋』だ。つまり、私が面接官なら、しばらく考えてもこの問題が解けないプログラマー志望者は不合格とする」。

ちなみに「ロバの橋」とは、脱落者が出るほどの難問を指す。

実際の面接でこのパズルに答えた応募者の例も、紹介しよう。口頭で答えるときの参考にしてもらいたい。


「1度しか量れないなら、その計測で、汚染された錠剤とふつうの錠剤を確実に区別できる情報を得なければなりません。それにはこんなやり方が考えられます。

まず、瓶に1から5まで番号を振ります。そして、1番から1錠、2番から2錠、3番から3錠、4番から4錠、5番から5錠取り出し、合計15錠の重さを計測します。

ふつうの錠剤は10ｇなので、どれも汚染されていないなら150ｇになりますが、この中には汚染された錠剤があり、その重さは9ｇなので、150ｇよりも幾分か少なくなるはずです。計測した数値を150から差し引いた数値が、汚染された錠剤の瓶の番号となります」


見事だ！　私が知る限りでは、ほかの解き方はない。

46 三角形と3匹のアリ

このパズルは、確率を理解している人にとって有利だが、ちょっとしたひらめきで、簡単に説明できる。

Q

正三角形の頂点に、アリが1匹ずついます。
アリがそれぞれ三角形の辺上を、任意の方向に動き始めるとしたら、
アリが衝突しない確率はどのくらいでしょう?

＊ヒント：必要ならアリの動きを線で表してみよう。

3人の解答を順に紹介する。どれも答えは同じだが、やり方はまったく異なる。面接の場合、面接官が重視するのは、答えそのものではなく、答えを出すまでのプロセスだ。解答者Aは、非常に明快な説明をしている。解答者Bは、アリに名前までつけて、ストーリー仕立てで説明している。解答者Cの説明からは、確率をしっかりと学んでいる

ことが見てとれる。
　あなたなら、どの解答者といっしょに働きたいと思うだろうか？

解答者A　3匹のアリが進める方向は、2方向ずつだけです。よって、2×2×2で、全部で8通りの進み方があります。このうち、衝突しない進み方は、2通りしかありません。3匹ともが時計回りに進むか、反時計回りに進むかのどちらかです。これ以外では、必ず衝突が起こります。したがって、8通りのうちの2通りだけが衝突しないわけですから、その確率は1／4、つまり25％となります。

解答者B　3匹のうちのどれか1匹を、仮に「ウィリー」と名づけましょう。ウィリーがどちらに進むか決めたら、衝突を避けるには、他の2匹もウィリーと同じ方向を進まなければなりません。方向を決めるのは任意なので、2匹目のアリがウィリーと同じ方向を選ぶ確率は2分の1、3匹目も同じく2分の1の確率で同じ方向を選ぶことになります。
　つまり、衝突しない確率は、2分の1×2分の1で、4分の1となります。

解答者C　アリのいる正三角形を、△ABCとします。アリが角から角へ動くと仮定すると、全部で8通りの進み方があります。すなわち、

（A→B、B→C、C→A）、（A→B、B→A、C→A）、（A→B、B→A、C→B）、

（A→B、B→C、C→B）、（A→C、B→C、C→A）、（A→C、B→A、C→A）、

（A→C、B→A、C→B）、（A→C、B→C、C→B）。

このうち、衝突が起こらない進み方は、（A→B、B→C、C→A）、（A→C、B→A、C→B）の2通りだけです。つまり、3匹が同時に時計回りに進むか、反時計回りに進むかのどちらかのときです。

したがって、衝突しない確率をPとすると、P＝2÷8＝0・25となります。

A 衝突しない確率は、4分の1（25％）

47 兄弟と2頭の馬

これも有名なパズルで、アラビア砂漠の設定で、馬の代わりに「ラクダ」や「シーク」が登場することもある。ラクダだろうが馬だろうがラマだろうが、このパズルが名作であることは変わらない。すっきりする答えが待っている。

Q

2人の息子のどちらかに財産を譲ろうと、父は2人に向かってこう告げました。
「近くの街まで、馬で競争しなさい。
街の門を2番目にくぐった馬の持ち主に、私の財産を譲る」。
困惑しながらも、兄弟は馬に乗り、できるだけゆっくりと街に向かいました。
1番に門をくぐりたくないので、2人とも門の手前で何日かやり過ごしています。
幸いそこに、賢者が通りかかりました。
兄弟は賢者に事情を話し、何かよい知恵を授けてくれるよう頼みました。
すると、賢者が何か言いました。
その言葉を聞くやいなや、兄弟は馬に飛び乗り、
一目散に街の門を目指して馬を飛ばしました。
賢者は何と言ったのでしょう?

＊ヒント：思いこみを捨てよ。

A **賢者は「馬を交換しなさい」と言ったのである。**

財産がもらえるのは、２番目に門をくぐった「馬」の持ち主なのだから。

48

不確かなカード

人は、目に見えないものを軽視しがちだ。その証拠に、一見簡単に思えるこのパズルの正答率はたった20％だ。これは、「ウェイソンの選択課題」として知られるパズルの類で、心理学者のピーター・ウェイソンが、一九六六年に、この課題について論じたことからその名がついた。つまり、この問題では、人間の「確かなことに基づいて判断したがる」という性質が落とし穴となる。不確定な事柄を判断材料にしたがらないせいで、誤った手がかりを選んでしまうのだ。

Q

表にアルファベット、裏に数字の書いてあるカードが４枚あります。
「表に母音が書いてあれば、そのカードの裏面の数字は偶数である」
――この「命題」の真偽を確かめるには、どのカードをひっくり返せばいいでしょう？

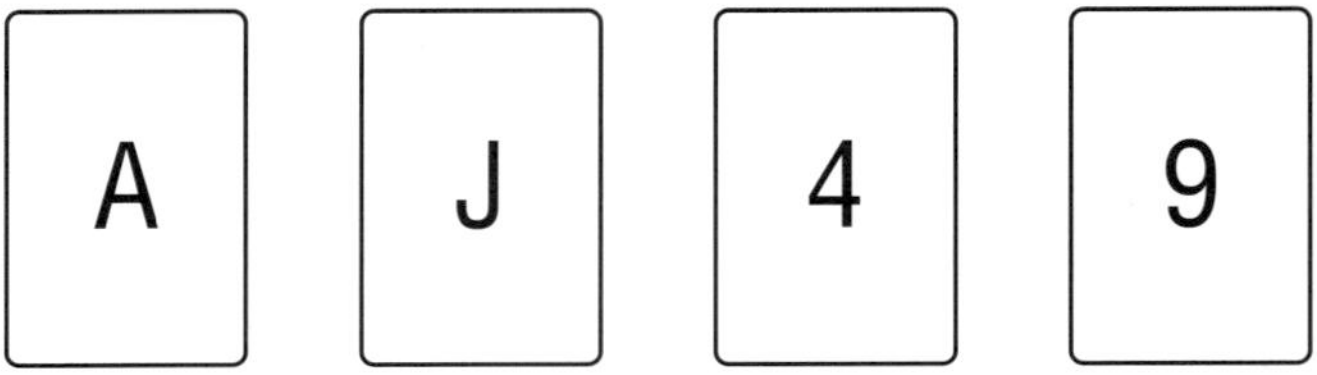

＊ヒント：不確かなものに基づいて判断することを恐れずに。

一見して答えと思えるものには慎重になり、それが答えとして成立しない理由を考える、それが、パズルを解くときの定石だ！

このパズルの場合、すぐに選びたくなるのは、「Aのカード」もしくは「Aと4のカード」だと思う。それぞれをひっくり返した場合にどうなるか、順に見ていこう。

Aのカードをひっくり返せば、Aは母音なので、そのカードの裏面が偶数かどうか確認できる。奇数が書いてあれば、「命題の真偽を確認した結果、命題は当てはまらない」と結論づけることができる。

では、偶数が書いてあったら、それで、「命題は当てはまる」と結論づけることができるのだろうか？

答えは、ノーだ。なぜなら、偶数が書かれたカードに関する別の条件に、たまたま当てはまっただけかもしれない！　たとえば、「直線だけで表せる文字の裏面は偶数」という命題があるとすれば、それに当てはまるとも言えるだろう？

ここまでわかったら、Aのカードと4のカードの両方をひっくり返せばいいと思うかもしれない（多くの人がそう思ってしまう）。でも、それも間違いだ。

確かに4は偶数で、命題には「母音の裏は偶数」とある。しかし、偶数の裏が「母音だけ」とはどこにも書いていない。

仮に4の裏がQやキリンの絵だったとしても、命題の真偽を確かめたことにはならない。4のカードの裏が、母音だろうが子音だろうが、あるいは全然違うものであっても、命題とはまったく関係ない。4のカードは、この命題とは無関係なのだ。

実は、命題を確認するために必要なカードは、Aと9である。なぜこの2枚なのか？

9の裏が母音であれば、命題が偽であると証明される。だから、真偽を確かめるうえで9のカードは欠かせないのだ。

このように、相互排他的な選言肢が2つ以上あり、その中の1つが必ず真である命題のことを、論理学の用語で「選言命題」と呼ぶ。

問題が選言命題の形をとる場合は、すべての選択肢をあげて、1つずつ検証していけばよい。「見えていない文字が母音だったら?」「見えていない文字が子音だったら?」と。

Aは、唯一母音が書かれているカードであり、4は、唯一偶数が書かれているカードなので、4をひっくり返せばいいという間違った結論に飛びつきたくなってしまう。しかし、不確定なものから判断しようとするほうが、戦略として優れているのだ。

49

海賊

テレビ番組「サバイバー」をご存じだろうか。無人島で集団生活を送りながら、定期的に投票を行って1人ずつ島から追放していき、最後に残った1人が賞金を獲得する、というサバイバルゲームである。

そこでは、リスクを背負うこと、みなの役に立つこと、競合する利害関係のバランスを保つこと、周囲との連携を図ることなどが試される。どれもビジネスに役立つスキルばかりだ。このパズルは、その番組を思い出させるつくりになっている。

この手のパズルは超難問の部類に入る。解決するには黙って考える時間が数分必要になるだろう。全体の分析よりも、細かい事柄に気づくかどうかが試されている。

Q

100枚の金貨を手に入れた海賊が、5人で分けようとしています。
そこで、最年長者から順に分配方法を提案することになりました。
提案に対して全員が投票し、
賛成票が半数以上入れば、その提案どおりに分配されます。
賛成が半数に満たなかったら、提案者は殺されます。
誰かの案が採用されるまで、この手順を繰り返します。
最年長者はどんな提案をするでしょう?
5人とも優秀な頭脳と強欲さを併せ持つ人物で、
何としても生き残りたいと思っています。

＊ヒント：平等という観点については、一切触れられていない。

このタイプのパズルを解くには、「完璧な論理の住人が暮らす論理の世界」に入り込まなければならない。「倫理」ではなくて、「論理」だ！　パズルに登場する人物は、その世界独特のルールの中で動いているので、自分に最善の結果が得られることしか頭にない。彼らの全員が、他の人物の行動を予測して、合理的な判断を下すのだ。

常識的な人間の行動様式については忘れなければならない。

実際、この海賊パズルを何度も出題したことのある面接官は言っている。

「いきなり、『最年長の海賊が半数の金貨を取り、残りを他の海賊たちで分ける』というような答えを出す志望者が多い。この答えでは、問題の趣旨が反映されていない。年長の海賊が年下の海賊たちに何かを分け与える理由を尋ねたときに、『その人物が公平だから』という答えが返ってくるが、問題には、公平さに言及する内容は一切登場しない。聞きたいのは、問題を解決に導く飛躍的な発想なのだ」

この問題の場合、年長の海賊は年下の海賊の協力を得る必要がある（開発プロジェクトの成功も、同じことが必要となる）、と見抜けるかどうかが鍵になる。

言い換えれば、１００枚の金貨を山分けする頭数が５人から４人になるチャンスを棒に振らせて、賛成票を投じさせるにはどうすればいいか、ということだ。

この問題は、まず、海賊が1人の場合から考えてみるとわかりやすいだろう。

当然、彼は、100枚の金貨をひとり占めしようとする（彼の判断基準は、倫理ではなく、論理であることをお忘れなく！）。では、海賊2人だったらどうするだろう？

このパズルをうまく解決した解答例をご紹介しよう。

「最年長の海賊は、あと2人の海賊の賛同を得ないと殺されてしまう、とわかっています。どうすれば賛成票を投じてもらえるでしょう？　まずは、問題を単純化して考えてみましょう。

海賊が1人しかいないなら、パズルとして成立しません。金貨をひとり占めしても、文句を言う人はいないのですから。海賊が2人だったらどうでしょう？　やはり同じです。年長者が独り占めすると提案し、もう1人が反対したとしても、半数の賛同は得ている形になります。3人になったところで、状況が複雑になります。

わかりやすいよう、海賊の年の若い順に、1、2、3と番号を振りましょう。この場合、海賊3は、少なくとも1か2のどちらかに賛成してもらわねばなりません。この提案が受け入れられなかったら、自分は殺され、残った2人で金貨を山分けすることになってしまうのですから。残り2人になったらどうなるか、3人ともわかっています。海賊2が金貨をひとり占めすると言い出すでしょう。

そこで、海賊3は、『自分は99枚を取り、海賊1に1枚渡す』と提案します。たった1枚で満足するかって？ 海賊1が少しでも取り分がほしいと思っていれば、考える余地はありません。この提案に反対すると、海賊3が殺され、残り2人になってしまい、自分には、何も手に入らないのですから。

よって、海賊3の提案は、2対1（海賊2は反対票を投じるはず）で承認されます。

4人になっても、自分以外にもう1人の賛同者を得れば、提案は認められます。ここで考慮するのは、どの海賊に分け前を与えれば、与える量が最少ですむか、という点です。

4人の場合、賛同者となりうるのは海賊2です。反対して、海賊が3人になってしまうと、自分は何ももらえなくなってしまう（3人のケースを見よ）のですから。当人もそれに気づいているはずですから、海賊2にわずかでも配分をすれば、賛成票を投じてくれることになるのです。

以上のことから、1つの法則が見えてきます。どの場合においても、年長者の案を通すには、最低限必要な賛成票をできるだけ安く買えばいいのです。この法則を、5人の場合に当てはめてみましょう。

海賊5が自分以外に必要な賛成票は2人分です。よって、海賊3と海賊1にわずかばかりの金貨を配分することになります。この2人は、海賊5が抹殺されて、海賊4が提案することになれば（4人のケースを見よ）、何ひとつ得られないので、1枚でも、ここでもらっておいたほうが得なのです。よって、海賊5は、『海賊3と海賊1に金貨を1枚ずつ配分する』と提案すると思います。海賊2と海賊4の配分はゼロです」

このパズルの詳細な解答については、フォグ・クリーク・ソフトウェアのプログラマー、マイケル・プライアー氏の記述を参照いただきたい。http://techinterview.org/solutions/fog0000000102.html。

A 真ん中と一番年下の海賊に、金貨を1枚ずつ渡し、残りは自分のものにする。

LESSON 3

数学を使うロジカルシンキング問題

本章に収録されているパズルを解くには、
ちょっとした数学が必要となる。
といってもほとんどは、単純な四則演算か
基本的な幾何（図形の性質）の知識で十分。
微積分まで必要となるものはない。
もし、数列の和（Σ）を求めたり、差異を積分する
必要性を感じたら、おそらく考え方が間違っていると思って
別のアプローチを考えることだ。
だいたい、数学力を試すなら、
もっといいやり方が別にある。
さまざまな認識能力を要するパズルは、
たまたま数学的に表しやすい、というだけなのだ。
なお、本章のパズルは、
後半になるほど難易度が高くなるので、
腕自慢ならぬ脳自慢は、後半からどうぞ！

50 井戸の中にいるカタツムリ

子ども向けパズル集の定番問題。カタツムリではなく、ミミズやカエルが主人公になっていることもある。この問題で引っかかったら、脳がたるんでいる証拠！

Q

20フィートの深さの井戸の底に、カタツムリがいます。日中は5フィート上り、夜になると4フィート下がります。このカタツムリが井戸から出るのは何日後でしょう？

古典的な罠に注意！　一見したところ、カタツムリは毎日1フィートずつ上るので、20フィートの井戸を出るには20日かかると思ってしまう。残念！　落ち着いて、カタツムリの動きを1日1日追ってみよう。カタツムリは、1日目は5フィート上り、1フィートまで下がる。2日目は、6フィートまで上って2フィート目まで下がる。そして16日目には、20フィート目まで上り、そのままもう下がることはない（もう井戸の外！）。なので、答えは、16日後。

51

４と５の間の記号

このパズルは、ラジオ番組「カートーク（Car Talk）」で先日出題された。紙ナプキンに問題を書いて出題できるので、食事しながらの面接に適している。非常にシンプルな問題だけにむずかしい。ちょっとしたヒントがないと、解けないかもしれない。出題するときは、紙に数字の「４」を書き、少し空けて、その横に数字の「５」を書く。

Q

数字の「４」と「５」の間に入れると、４よりも大きく６よりも小さい数になる、よく目にする数学的記号は何でしょう？

＊ヒント：数学的記号といっても、演算を意味するとは限らない。

A

小数点。４と５の間に小数点を打てば、４・５という値になる。

52

ラガービールと黒ビール

これも、食事をしながら出題するのにふさわしいパズルと言えよう。

Q

バーに入ってきた男が、カウンターに1ドル紙幣を置いて、
「ビールをください」とバーテンダーに言いました。
するとバーテンダーは「ラガーですか、黒ですか？」と尋ねました。
そこで男が「値段は同じですか？」と尋ねると、
「ラガービールは90セント、黒ビールは1ドルになります」と言われました。
男は黒ビールを頼みました。
ところが、別の男がバーに入ってきて、
カウンターに1ドル置いて「ビールをください」と言うと、
バーテンダーは何も言わずに黒ビールを出しました。
後から入ってきた男が黒ビールを注文すると、
バーテンダーはどうやってわかったのでしょう？

このパズルの罠は、後から入ってきた男が1ドルをカウンターに置いたと聞いて、1ドル紙幣を置いたと思い込んでしまうところにある。たとえば、次のように答えれば正解。

「最初の男性は、カウンターに1ドル紙幣を置きました。後から入ってきた男性は、1ドル分の硬貨をカウンターに置いたのです。

たとえば、クオーター（25セント硬貨）が3枚、ダイム（10セント硬貨）が2枚、ニッケル（5セント硬貨）が1枚。つまり、90セント＋10セント分の硬貨です。

それを見て、バーテンダーは、この客は自分のほしいビールの値段をわかっている、と思ったのでしょう。よって、後から入ってきた男性が注文した『ビール』とは、『黒ビール』のことだと判断したのです」

53 偽札

授業で経済を学んでいる高校生は、簡単すぎて笑ってしまうかもしれない。ところが、社会人になると混乱する人が多いのはなぜ？

Q

製造元のところに「3ドルの製品を買いたい」という客がやってきて、10ドル紙幣を渡されました。

ところが釣り銭がなかったので、近所の店で両替してもらい、客に製品と7ドルの釣りを渡しました。

客が帰った後、両替をしてくれた店主がやってきて、あの10ドル紙幣は偽札だったと言いました。

驚いた製造元の主人は、自分の財布から10ドル紙幣を取り出して、その店主に渡しました。

この一連のやりとりで、製造元の主人が失ったものは何でしょう？


意味のある取引は、1つしか行われていない。その取引とは、価値のない紙切れを、7ドルと3ドルの製品に交換したことである。このときに受け取った3ドルが、製造元の手元に唯一残ったものである。

54 クマバチと電車

一見して複雑そうに感じる問題に遭遇したら、意外な罠が潜んでいると悟るべきだ。それができれば、楽に解ける。

Q

２００マイルの長さのトンネルがあります。

そのトンネルの両端から、時速１００マイルのスピードで電車がやってきています。

電車がトンネルに入るなり、時速１０００マイルという超音速で飛ぶクマバチが、片方の電車の先頭から、もう片方の電車に向かって飛び始めました。

向かった電車の先頭に着くなり、すかさず折り返します。

この行為は、電車がトンネルの真ん中で衝突するまで繰り返されます。

電車の衝突による不慮の死を迎えるまでに、

クマバチはどのくらいの距離を飛ぶでしょう？

＊ヒント：クマバチが移動に費やす時間は？

ちょっと立ち止まってこの問題を考えてみよう。一瞥したところでは、これは無限級数（等差数列）の問題に見える。大学で数学を専攻していれば、このような数列の和を求めることもできるだろうが、面接でそのような計算を求められることはまずない。したがって、抜け道やトリックが隠されているはずだ。そのひらめきこそが問われていると察してほしい。次の解答を参考にしてもらいたい。

「最初に問題を聞いたとき、積分を使わないと解けない問題だと思って心が沈みました。クマバチが往復する距離は時間とともに短くなり、それは積分を使って求めることができます。ですが、ほかにも求める方法があるはずです……。もっと単純に考えてみましょう。

トンネルの長さは200マイル。時速100マイルで走る電車が衝突するのは、トンネルの真ん中。つまり、電車が衝突するのは1時間後です。時速1000マイルで飛ぶクマバチも、衝突までの1時間を飛び回ることになります。クマバチが折り返しでロスするスピードを無視すると、衝突までにクマバチが飛ぶ距離は、1000マイルになると思います」

A 1000マイル

55

26個の定数

これも、前問と同様だ。一見、数学が得意でないと解けないと思わせるパズルには、必ず、抜け道やトリックが隠れている。心を落ち着かせて、問題をよく見よう。計算すら必要ない。この謎には、ちゃんと抜け道がある。それを見つけるのがこのパズルの課題なのだ。

Q

26個の数字に、AからZまでのラベルがついています。A＝1とします。そのほかは、アルファベットの順番通りの数字を、その1つ前の数の分だけ乗じた値です。

つまり、B（2番目の文字）＝2^A＝2^1＝2、C＝3^B＝3^2＝9……となります。

次の数式の正確な値を求めてください。


（X－A）（X－B）（X－C）……（X－Y）（X－Z）

＊ヒント：省略符号の部分に隠されているものは？

数式を見ただけで、げんなりした人が多いだろう。でもだいじょうぶ。

実はこのパズル、ある種の「ひらめき」が生まれれば、簡単に解けてしまうのだ！

この類の問題では、隠れた部分に目を向ける必要がある。このパズルでは、省略符号の部分がそれに当たる。

落ち着いて、数式をじっくりと見直せば、（X－X）はありがたいことに「0（ゼロ）」だと気がつくはずだ。で、理想的な解答の仕方は、次のようになる。

「AからWまでの和を求める必要はありません。なぜなら、Xの値のときは（X－X）となり、ゼロになるからです。ゼロに何をかけてもゼロです。したがって、項の1つが（X－X）、すなわちゼロになるので、数式の答えもゼロになります」

56

4ガロンを量る

これもよく知られたパズルの1つだ。問題によってバケツの大きさは異なるかもしれないが、求め方は同じである。映画「ダイ・ハード3」の中で、ブルース・ウィリスもこのパズルに挑戦している。

Q

3ガロン入るバケツと、5ガロン入るバケツがあります。
水は無限にあるものとして、きっかり4ガロン量ってください。

このパズルには、美しい解決法がたくさんある。面接では、手順が少ないやり方のほうが、答えとして好まれるようだ。

A

O

最善策1

1　5ガロンのバケツいっぱいに水を入れ、3ガロンのバケツがいっぱいになるまで移す。

2　3ガロンのバケツを空にする。

3　5ガロンのバケツに残っている2ガロンを、3ガロンのバケツに移す。

4　5ガロンのバケツいっぱいに再び水を入れ、その水を、2ガロン入った状態の3ガロンのバケツがいっぱいになるまで移せば、5ガロンのバケツには4ガロンの水が残る。

最善策2

1　3ガロンのバケツいっぱいに水を入れ、5ガロンのバケツに移す。

2　もう一度、3ガロンのバケツいっぱいに水を入れ、5ガロンのバケツがいっぱいになるまで水を移す。すると、3ガロンのバケツには、1ガロンの水が残る。

3　5ガロンのバケツを空にする。

4　3ガロンのバケツに入っている1ガロンの水を、5ガロンのバケツに移す。

5　3ガロンのバケツいっぱいに水を入れ、5ガロンのバケツに移せば4ガロンになる。

57

100メートル競走

ウサギとカメの寓話を連想させるパズルだ。惑わされないように注意しよう！

Q

ジャックとジルが100メートル競走をしました。
ジルがゴールしたとき、ジャックはまだ90メートルの地点でした。
そこでジルは、もう一度競走しようと言い出しました。
今度は、ジルはスタート地点から10メートル下がったところから走ります。
その他の条件はすべて1度目の競走と同じだとすると、どちらが勝つでしょうか？
それとも引き分けになるでしょうか？

2度目の競走では、ジルは10メートル下がった場所から走り始めた。だがジャックが90メートル地点に達するときに、ジルはちょうど100メートルで、追いついてしまう。ということは、残す10メートルは2人のうちの速いほうが制す。速いのはジルなので、最後の10メートルはジルが勝利し、当然、この競走にも勝つことになる。

正確には、ジルがゴールインしたとき、ジャックは、最後の9メートル、合計で99メートルのところにいるはずだ。

速度を比で表すと、100対90＝110対99であることからもわかる。

では、ジャックが勝つためには、ジルは、何メートル下がったところから走り出さないといけないか？　これは、100対90＝X対100の式から、各自計算してみてほしい。

A　**ジルがまた勝つ。**

58

8斤のパン

それほど複雑な内容ではないが、割合の理解や、リソースや利益を公平に配分する知恵が必要となる。IT企業ヒューレット・パッカードで出題された。

Q

ボブとデイヴがパンを食べようとしています。
ボブは3斤、デイヴは5斤のパンを持っています。

そこへ見知らぬ男がやってきて、
「お腹がすいて死にそうだ。金を払うのでパンを分けてほしい」と言いました。
そこで、３人で平等にパンを分けることにしました。
男は金貨を８枚持っているので、ボブとデイヴで分けてほしいのですが、
どうやったら平等に分配できるのかわかりません。
ボブは、ボブとデイヴで４枚ずつ分けるのが公平だと言いました。
でもデイヴは納得がいきません。パンが８斤あるのだから、
１斤で１枚分の硬貨に値すると思っているのです。
パンを５斤持っているデイヴが硬貨を５枚もらい、
３斤持っているボブは３枚だと言い張ります。
この問題を公平に解決するには、どうすればいいでしょう？

＊ヒント：最初の条件に注意。パンはどうなる？

この問題を解決する鍵は、「ボブとデイヴは、見知らぬ男にパンを全部売るわけではない」という点だ。２人の手元には、それぞれ自分が食べる分のパンが残るので、男がボブ

とデイヴのパンの分も支払うのは不公平になる。この点に気づかないとしたら、リソース配分の重要なポイントを理解していないことになる！

利益とは、投資した資産や受け入れるリスクの割合にしたがって公平に分配されるべきものだ。このポイントがわかっていれば、いささか意外に感じる結果にも納得がいくだろう。このパズルを出題したヒューレット・パッカードの面接官は、次に紹介する解答が理想的だと述べる。

「パンは8斤あります。それを3人で平等に分けるということは、1人が手にするパンは3分の8斤となります。では、各自が提供するものを見ていきましょう。

空腹の男が提供するのは8枚の金貨です。ボブは3斤（＝3分の9斤）のパンを提供しますが、それと同時に3分の8斤のパンを食べます。つまり、ボブが見知らぬ男に与えるのは、3分の9斤マイナス3分の8斤、つまり、3分の1斤だけです。

デイヴも3分の8斤を食べますが、提供するパンは5斤（3分の15斤）。つまり、3分の7斤を男に与えるのです。ということは、デイヴはボブの7倍のパンを見知らぬ男に与えることになります。

この比率を考慮すると、ボブに1枚、デイヴに7枚の金貨を与えるのが、もっとも公平な解決策と言えます」

A　3斤提供するボブに1枚、5斤提供するデイヴに7枚の金貨を分ける。

59

潮に乗って泳ぐ

このパズルが出題されるときは、ホワイトボードを使って、解法の説明が求められることもある。

Q

潮の流れの2倍の速さで泳げる水泳選手がいます。岸から海に浮かぶブイまで行って戻るのに、4分かかります。では、静水でまったく同じ泳ぎをしたら、何分かかるでしょう？

代数を使っても解けるが、ここでは論理的に答えを導き出した解答を紹介しよう。
「この選手は潮の流れの2倍の速さで泳ぎます。つまり、潮に逆らって泳ぐときは、潮と同じ速度になります。一方、静水で泳ぐときの速度は、潮の2倍の速さです。

岸からブイまでの距離を潮が流れるのにかかる時間を1スプラッシュとすると、潮に乗って泳ぐときは、自分の速さ+潮の流れで、潮の流れの3倍の速さで泳げることになりますので、かかる時間は、3分の1スプラッシュ。静水で泳ぐときは2分の1スプラッシュかかります。

往復になると、潮に逆らう向きでは1スプラッシュになり、潮に乗ったときは3分の1スプラッシュになるので、合計3分の4スプラッシュ。一方、静水では、2分の1の2倍で、1スプラッシュ。つまり、往復になると、潮があるところで泳ぐときのほうが、静水で泳ぐときよりも、3分の1スプラッシュ余計にかかるのです。

潮があるところでの往復には4分かかるので、静水であれば、往復にかかる時間は3分となります」

A

3分

60

トーナメント試合

有名なパズルなので、ご存じの方も多いと思う。知らなかった人は、楽しめる分、ラッキーだと思おう。

Q

世界卓球大会の運営を任されることになりました。
参加人数は657人です。
試合は勝ち残り形式で、勝者は上に進み、敗者は退きます。
参加人数が奇数のため、一番強い選手は不戦勝となり、次に勝ち上がります。
では、優勝者を決めるには、何試合行えばいいでしょう?

「657」のような数字が出てきたら、思考パズルだと思おう。ノートや計算機を取り出す必要はない。必要なのは頭だけだ。まだ、わからない方、では、次のヒントでは?

＊ヒント：勝者ではなく敗者に目を向ける。

ある志望者は、次のように解答している。模範解答である。

「そうですね、優勝者のライバルは何人いるかというと、６５６人です。勝つ人がいれば必ず負ける人がいます。ここで求めるのは試合数ですが、それには６５６人の敗者が生まれます。そして、敗者はどうやって決まるのか？　試合です。

ということは、敗者と試合の数には、１対１の関係があるはずです。よって、６５６人の敗者を出すには、６５６試合必要です」

61

導火線を燃やす

これはパズル好きの間では有名な問題で、一定時間燃える導火線やろうそくを使って、指定された時間を計ることが求められる。次に出てくる砂時計の問題もそうだが、このジャンルのパズルを代表する問題だ。

Q

火薬に点火するタイプの導火線が2本あります。

どちらも1時間で燃え切ります。

ですが、型が異なるので、燃え進み方も異なります。
この2本の導火線だけを使って45分を計るには、どうすればいいでしょう?

すぐに思いつく(もちろん間違いなのだが)のは、導火線を半分に切り、それで30分計るという方法だろう。どちらかの導火線を半分(30分)に切り、それをさらに半分(15分)に切ることができれば、あっという間に解決してしまう。

でも、いくらなんでも、そんな簡単な問題のはずがないと、考えてほしい。だいたい、導火線だけを使えと書いてある。ハサミを使うのは、反則だ。

問題をよく読めば、燃え進み方が違うということは、均等に燃え進むとは限らないということなのだとわかる。違う方法を考えよう。ヒントは、導火線の両端を利用することだ。

降参? では、このパズルを解いた志望者の答えを紹介しよう。

「まず、1本の導火線の両端と、もう1本の導火線の片端に、同時に火をつけます。両端に火をつけた導火線が燃え尽きたら、30分が経過したことになります。

この時点で、もう1本の導火線の反対端に火をつけます。そうすれば、15分で燃え尽きるはずです。これで、30分と15分、つまり45分を計ったことになります」

62

2つの砂時計

これも時間を計るタイプのパズルである。今回は導火線ではなく砂時計を用いる。

Q

砂時計が2つあります。

1つは7分計、もう1つは11分計です。

この2つの砂時計だけを使って15分計るには、どうすればいいでしょう?


たとえば、こんな解答はどうだろう。

「両方の砂時計を同時にひっくり返します。7分計の砂が落ちきったら、またすぐにひっくり返します。それから4分たてば、11分計の砂が落ちきるので、その時点で7分計の砂時計で4分たったことになります。

そこですぐさま7分計をひっくり返せば、もう4分計ることになり、最初の7分+4分+4分=15分となります」

63

平均年収はいくら？

これは、全体を求める能力を試すタイプのパズルである。

Q

会議を始めようと部長が現れるのを待っている間、7人の会議参加者で互いの年収について話し始めました。個人の年収を公開することは会社の方針で禁じられていますが、この7人の平均年収額を知っておこう、という結論に達しました。個々の年収を誰にも公開することなく7人の平均年収を求めるには、どんな方法をとればいいでしょう？

この問題では、「全員が総額の一端を担う」ということに気づく必要がある。といっても、ピンとこないとすると……うぅん、少々やっかいかもしれない。平均を求める考え方がほんとうに理解できているかどうかだ。解答例を示してみよう。
「ここで求めることは、個人の年収が特定されることなく7人の平均年収を算出できるように、7人全体の年収額を算出する方法です。

まず、1人目が嘘の年収額をつくり上げ、その額を2人目に耳打ちします。2人目は、その額に自分の年収を足した額を、3人目に耳打ちします。3人目も同様に、耳打ちされた額に自分の年収を足して4人目に耳打ちします。こうして、4人目から5人目へ、5人目から6人目へ、6人目から7人目へというように、耳打ちされた額に各自の年収を足して、次の人に耳打ちしていきます。

7人目は、耳打ちされた額に自分の年収を足して、1人目に耳打ちします。1人目は、その額に自分の年収を足し、最初につくり上げた嘘の年収額を差し引きます。そうして出た金額を7で割れば平均年収となるので、その額を発表すればいいのです」

別の解法も紹介しよう。

「各自の年収額を、適当な2つの数値に分けます。そして、一方の数値を左隣の人に耳打ちし、もう一方の数値を右隣の人に耳打ちします。つまり、自分の年収ではなく、両隣の人から耳打ちされた額の合計を、各自の年収とするのです。そして、その仮の年収を発表し合い、合計して7で割れば、平均年収がわかります」

17頭の馬を3人の息子で分けるには

有名なパズルで、答えをご存じの方も多いだろう。しかし、それでは、その理由について、明確に説明できるだろうか？　実は、それはかなりむずかしい。そして、面接では、ただ答えがわかるよりも、その答えの理由も説明できる志望者のほうが好まれるのだ。

Q

年老いた父が、17頭の馬を3人の息子に分け与えようと遺言状を書きました。父が亡くなり、遺言に従って馬を分けようとしたところ、途方に暮れることになりました。長男に半分、次男に3分の1、末男に9分の1の馬を与える、とあります。指示どおりに分けようとすると、整数で割りきれないのです。息子たちが言い争っていると、馬に乗って旅をしている数学者が通りがかりました。この人物にアドバイスを求めたところ、馬を傷つけることなく、3人の息子たちが不満に思うこともなく分ける方法を教えてくれました。この数学者はどうやって遺言どおりに馬を分けたのでしょう？また、その方法でうまくいく理由も答えてください。

通りかかった数学者は自分の馬を相続する馬につけ加えて計算させたのである。そうすれば、馬は全部で18頭になり、長男は半分なので9頭、次男は3分の1なので6頭、末男は9分の1なので2頭となり、これらを合計すると全部で17頭。余った1頭を数学者に返せば、万事うまくいく。これが答えだ。

しかし、いったい、なぜこの方法でうまくいくのだろう？　実はこの解決法では、遺言の条件を完全に満たしてはいない。3人の息子たちは、父親の遺志よりも多く受け取っているのだから。

遺言を忠実に守ると、長男は半分の8・5頭、次男は3分の1の5・67頭、末男は9分の1の1・89頭を受け取ることになる。だが、これらの数字を足しても17にはならない。そもそも、1／2＋1／3＋1／9＝17／18で、1ではない。遺言に従うと、最初から、17／18頭分（17頭×1／18）、余ることになっていたのだ！

数学者が提示した解決法は、馬を分数や小数点以下の数値に分けることなく1頭ずつもらえるよう、余った17／18頭分を3人の間で分けただけである。遺言には、余った分の馬についての指示はなかったので、それを3人で分けても差し支えないだろう。

65

釣り合いをとる

エンジニアに好まれる問題の1つだが、シーソーの構造、つまりモーメントのことがわかっていれば、小学生でも解け、すっきりと納得できる答えが待っている。

Q

左図のようなシーソーがあります。
シーソーの板の大きさは、
幅1フィート、長さ8フィートで、
重さは36ポンドです。
支点は、片側から2フィート、
反対側から6フィートの位置にあります。
2フィート側の端には、
1フィート四方大で48ポンドの重りがのっています。
このシーソーを釣り合わせるには、
6フィート側にどんな重りをのせないといけないでしょう?

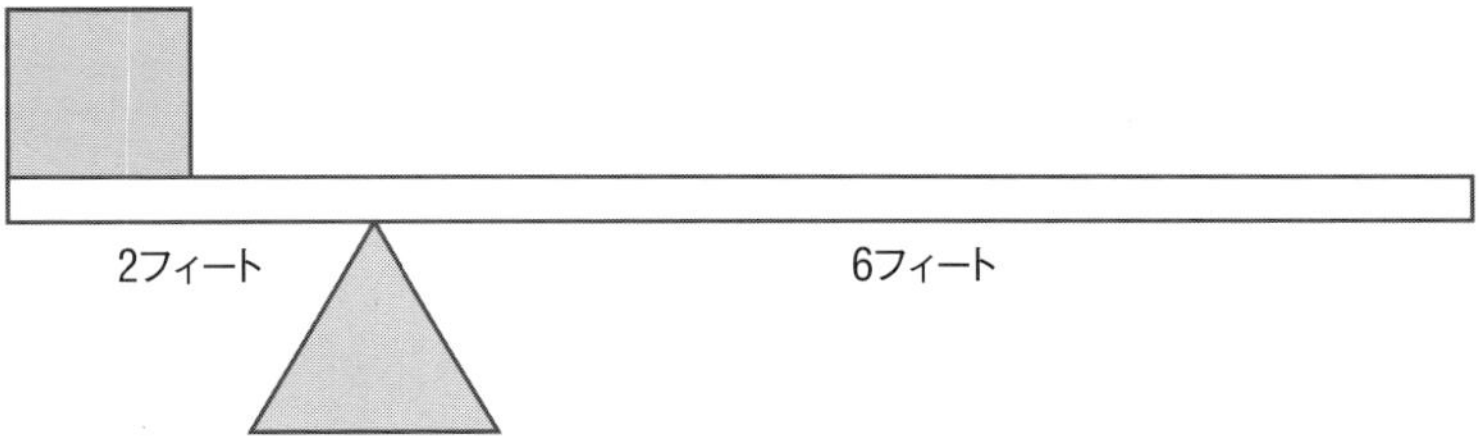

問題を確認しよう。シーソーの板には重りがのっていて、重りがのった状態で釣り合いをとるようにしなければならない。

まず、シーソーの板自体の重さを考えよう。8フィートの長さで36ポンドあるのだから、シーソーの板1フィートあたりの重さは4・5ポンド。つまり、2フィート側のシーソー自体の重さは9ポンドで、6フィート側の重さは27ポンドとなる。

ここで、板にしろ重りにしろ、重さは、重心で作用すること、支点を中心に左右の距離×重さの合計（力のモーメント）が等しくなったときに釣り合う、という基本を知っていないと、さすがにこの問題は解けないだろう。

まず、6フィート側の力のモーメントを

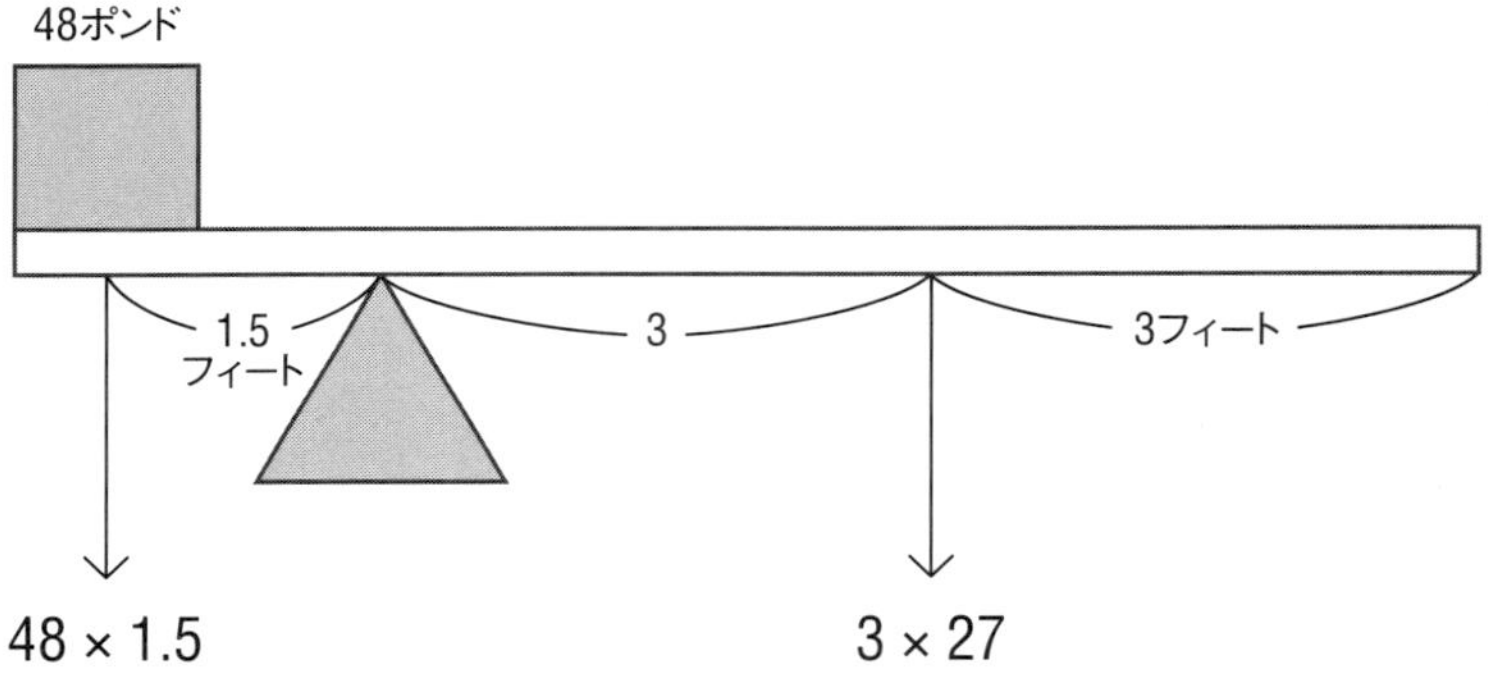

求めよう。６フィート側の板の中心は３フィート（半分の長さ）のところなので、27（ポンド）×３（フィート）＝81（ポンド・フィート）。これが、重りを何ものせない状態の力のモーメントだ。

では反対側も計算しよう。２フィート側の重さは９ポンドで、その中心は支点から１フィートのところになるので、左側の力のモーメントは、９（ポンド）×１（フィート）＝９ポンド・フィート。

次に、48ポンドの重りの分を加えよう。と、ここで、48（ポンド）×２（フィート）ではなくて、48（ポンド）×１・５（フィート）となるのに気づくのが鍵！　重りはなんと、１フィート四方もあるから、その重心は、支点から１・５フィートのところにあるのだ！

というわけで、2フィート側の力のモーメントの合計は、48（ポンド）×1・5（フィート）＝72ポンド・フィートに、先に計算したシーソーの板の分の9ポンド・フィートを加えて、81ポンド・フィート。

おやおや、6フィート側と同じ値だ！

つまり、右側に重りをのせる必要はない。

シーソーはすでに釣り合った状態にあったのだ！

A

シーソーは釣り合っているので、重りをのせる必要はない。

66

2人の歩く人

シンプルで、とてもなじみ深い内容だが、なぜか混乱してしまいがちだ。つい、ぱっと思いついた答えを口に出したくなるのだろうが、その思いつきは、まず間違いだと思ったほうがいい。

Q

10キロ離れた街まで歩こうと、サリーとジョンが同時に出発しました。ジョンは一定のペースで歩きます。サリーのペースは一定していません。最初の5キロは、ジョンよりも毎時1キロ速いペースで歩き、残りの5キロは、ジョンよりも毎時1キロ遅いペースで歩きます。2人が街に着いたとき、どうなっているでしょう？2人は同時に着いたでしょうか、それとも、どちらかが先に着いたでしょうか？

一見すると、サリーとジョンは同時に着くと思える。サリーのペースが変わるとはいえ、ジョンのペースとの違いがちょうど相殺されるような変わり方をしているからだ。だが実際は、サリーのペースがどう変わろうと、ジョンが必ず先に到着する。その理由を明快に説明した志望者の解答を、以下に掲載しよう。

「サリーがジョンよりも毎時1キロ遅く歩くことで遅れる距離のほうが、毎時1キロ速く歩いたときにリードする距離よりも多くなります。たとえば、サリーの『速い』ペースが毎時6キロだとすると、ジョンの一定のペースは毎時5キロと算出できます。また、サリーの『遅い』ペースは毎時4キロになります。

サリーは50分で最初の5キロに達しますが、残りの5キロを歩くのに75分かかります。でも、ジョンは120分で全行程（10キロ）を歩いてしまいます。

なぜこのような結果になるかというと、最初の5キロでは、ジョンはサリーの6分の5のスピードで歩きますが、残りの10キロでは、サリーはジョンの5分の4のスピードで歩くことになり、決して相殺されることはないからです。

一般に、4／5、6／7などのように、分母と分子の数値の差が1の分数では、分母が大きいほど、大きい数になりますから、サリーのペースの変化は相殺されずにジョンが先に着きます」

A　一定のペースで歩く人（ジョン）が、ばらばらのペースで歩く人（サリー）よりも先に到着する。

67

向かい風と追い風

これも前のパズルとよく似た騙されやすいパズルだが、前の問題をちゃんと理解した方なら、もう騙されないだろう。

Q

国内便の飛行機の往復（ニューヨークを出発してロサンゼルスに到着し、またニューヨークに戻ってくるなど）を想像してください。
一定に同じ方向に吹く風が総飛行時間に与える影響は、無風のときと比べて、どのくらいでしょう?
風が一定に往復ともに吹くものとすると、飛行時間は無風のときと比べて長くなりますか、短くなりますか、それとも変わりませんか?

早合点すると、追い風と向かい風で風の影響が相殺されるという、間違った結論を出してしまうが、前のパズルで見たように、実際には、風が吹くと総飛行時間はつねに増える

s＝飛行機の速度　w＝風の速度　d＝片道の距離　　とする。

$d/s+d/s$＝無風状態での往復の飛行時間……①
$d/(s+w)$＝追い風で片道を飛ぶのに要する時間
$d/(s-w)$＝向かい風で片道を飛ぶのに要する時間
$d/(s+w)+d/(s-w)$＝風のある状態で往復に要する時間……②

①と②の比を出すと、$d/s+d/s : d/(s+w)+d/(s-w)$
これを簡単にすると、$s^2-w^2 : s^2$

（「流水算」をやった小学生でも、実は知っている）。今度は、もう少し厳密な証明をしてみよう。

s^2（風のある状態）とs^2-w^2（無風状態）では、つねにs^2のほうが大きいので、風が強いほど飛行時間は長くなる。

A　風がある状態では、必ず飛行時間は長くなる。

68

プログラマーの娘

このパズルも、問題に隠された手がかりを見つける注意力や数字に対する慣れを試す、名作パズルである。以前やったことのある人も、もう一度やってみよう。

Q

ベテランプログラマーである2人が、20年ぶりに偶然再会しました。

「元気だったかい？」と1人がもう1人に尋ねます。

「ああ！」と尋ねられたほうは答え、「今は娘が3人いるんだ」と言いました。

「それはすごい。いくつになるんだ？」

「そうだな、3人の年齢をかけると72。足すと、向こうのビルの階数と同じ数になる」

「なるほど。いや……それだとまだはっきりわからないぞ」

「そうだった、すまない。長女だけ、ピアノを習い始めたよ」

「そうか！　なら私のいちばん上の子と同じ年だ！」

問題です。

3人の娘はそれぞれ何歳でしょう？

年齢の組み合わせ			年齢の合計
1	1	72	74
1	2	36	39
1	3	24	28
1	4	18	23
1	6	12	19
1	8	9	18
2	2	18	22
2	3	12	17
2	4	9	15
2	6	6	14
3	3	8	14
3	4	6	13

＊ヒント：因数の勝利。

たいてい、最初にやるのは、上のように、72の因数をリストアップすることだろう。

では、これ以外に、どんなヒントが隠されているのか？　この手のパズルでは、問題文の言葉1つひとつに注意を払い、その言葉が指す内容を理解することが重要だ。

72の因数の組み合わせの中から、合計の数が向こうのビルの階数と同じ数になる組み合わせが、男の娘の年齢だったのだが、娘の年齢を尋ねた男は、「それだとまだはっきりわからない」と言った。なぜか？

それは、同じ数になる組み合わせがあっ

たからだ。ここでは、14になる組み合わせが2つあった。それで、もう1つヒントが必要だったのだ！

そのヒントでは、「長女」について語られている。となると、6歳の双子が年上となる組み合わせは当てはまらない。したがって、残ったほうの組み合わせが3人の年齢となる。

ちなみに、「年齢が同じであっても、双子とは限らない」と鋭く指摘した志望者がいたという。1人が1月に生まれ、その直後にもう1人を身ごもれば、2人目は10月に生まれる。翌年の10月には、2人とも1歳だ。この応募者は見事面接に合格して採用されたそうだ。

A

3人の娘の年齢は、3歳、3歳、8歳である。

69 水槽のグッピー

マイクロソフトの現社員や元社員のブログによると、このパズルもかなり面接で出題されているようである。以前、アメリカのナショナル・パブリック・ラジオ（NPR）がマイクロソフトのブレイン・ティーザーを特集したときに、このパズルが取り上げられていた。

これは今でも出題されるので、答えは「トップシークレット」とされたが、名作パズルのご多分に漏れず、意表を突かれるような答えではあるが、何も秘密にすることはない。答えも大事だが、答えにたどり着くまでの過程も重視される。方程式を使えば簡単に解ける問題だが、使わずに解く方法を考えたほうがよいだろう。

Q

水槽に200匹の魚がいます。99％はグッピーです。では、水槽にいる魚の98％をグッピーにするには、何匹のグッピーを水槽から取り除けばいいでしょう？

大学院生のイヴさんは、自身のブログで、「大学院進学を決めてから、GRE（大学院進学試験）対策でこの手の問題を山ほど解いたおかげで、パズル問題は満点がとれました。今もブレイン・ティーザーに夢中」と記したうえで、次のような答えを紹介している。

「ラジオ番組で『トップシークレット』とされた答えは、グッピーだけを取り除くということは、水槽の1％を占める魚の数は変わらない、という点に気づくこと。200匹の

1％は2匹。つまり、この2匹が2％となれば、グッピーは当然98％となりますよね。2匹で2％となるには、水槽の中には100匹の魚がいないといけません。よって、水槽から100匹のグッピーを取り除けばいいのです」

また、次の解答を気に入ったマイクロソフトの面接官もいる。

「ここで課せられているのは、グッピーを取り除くことだけです。つまり、グッピーでない魚の数は変わりません。200匹の魚の99％がグッピーということは、グッピーは198匹、グッピーでない魚は2匹です。では、グッピーでない魚が2匹いる水槽で、グッピーが何匹いればその割合が98％となるでしょう？　98匹です。よって、198匹のグッピーを98匹にする必要があります。つまり、100匹のグッピーを取り除けばいいのです」

まだ釈然としない？　それなら、方程式にして解いてみることだ。

70

カップに入ったコーヒーと紅茶

このパズルが面接で出されると、しばしば激しい議論となって、面接を台なしにしてし

まう人もいるそうだ。なぜかわからないが、みな結論を急ぎ、一度出した結論に固執するようなのである。

Q

同量のコーヒーが入ったカップと紅茶が入ったカップがあります。
まず、紅茶をスプーン1杯すくってコーヒーのカップに入れました。
次に、その紅茶が混ざったコーヒーをスプーン1杯すくって紅茶のカップに入れました。
紅茶のカップに混ざったコーヒーの量と、コーヒーのカップに混ざった紅茶の量とでは、どちらが多いでしょう?

コラムニストのマリリン・ヴォス・サヴァント氏が、日曜紙の折り込み雑誌『パレード』にこのパズルを掲載すると、彼女の解答に異を唱える数学者からの怒りの手紙が、彼女のもとに何百と届いた。また、このパズルの解答をウェブサイトに掲載する人が、世界中に現れた。

今挙げた人々は、「紅茶に混ざったコーヒーとコーヒーに混ざった紅茶の割合は同量」

だという答えに納得できなかったのである。彼らの主張は間違っているとはいえ、非常に説得力がある説もあるので、ここにいくつか収録して見ていくことにしたい。

1つ目は、パズル狂のアシュトッシュ氏の解答である。

「これは、スプーン1杯ずつ移した後の、コーヒーのカップと紅茶のカップの成分を求める問題です。紅茶をスプーン1杯すくってコーヒーの入ったカップに移します。これで、コーヒーのカップに紅茶が混ざりました。今度は、この紅茶が混ざったコーヒーをスプーン1杯すくって、紅茶のカップに移します。その結果、紅茶のカップには、コーヒーと紅茶が混ざった液体が加わったことになります。

ということは、コーヒーのカップから紅茶のカップへ移したスプーン1杯分は、純粋にコーヒーだけではない（紅茶も確実に含まれているはず）ので、コーヒーのカップに残っているコーヒーの量は、紅茶のカップに残っている紅茶よりも、若干多いはずです。よって、紅茶のカップに混ざったコーヒーのほうが、コーヒーのカップに混ざった紅茶よりも少なくなるのです」

ネット上でこのパズルの解答を示したオジー氏は、数学的な見地から、それぞれのカップに混ぜられた量は等しくないと主張する。

「カップに入った紅茶とコーヒーの量をそれぞれ100オンスとし、スプーン1杯の量は10オンスとする。

10オンスの紅茶をコーヒーのカップに入れると、コーヒーのカップには100オンスのコーヒーと10オンスの紅茶が入っていることになる。それを均一にかき混ぜれば、110オンスの混合液となる。この混合液の割合は、コーヒー：紅茶＝10：1となる。

したがって、紅茶のカップにこの混合液を10オンス入れるということは、約9・0111111オンスのコーヒーと、0・99999オンスの紅茶を入れることになる。

実際に紅茶のカップに10オンスを入れよう。すると、紅茶のカップの中の液体は、90・9999999オンスの紅茶と、9・011111オンスのコーヒーが混ざった液体となる。つまり、この液体10オンスあたりには、9・09オンスの紅茶と0・901オンスのコーヒーが入っていることになるのだ。これを比率で表すと、紅茶：コーヒー＝9・09：0・901となる。

一方、コーヒーのカップの中の液体の比率は、コーヒー：紅茶＝10：1である。以上のことから、紅茶のカップに混ざっているコーヒーの量のほうが少ないと言える」

ところが実際には、両方のカップにおけるコーヒーと紅茶の割合は、等しいはずなのである。マリリン・ヴォス・サヴァント氏は、著書『論理思考力トレーニング法――気がつかなかった数字の罠』（東方雅美訳、中央経済社刊、２００２年）で次のように説明している。

「カップＡに入っている液体の量とカップＢに入っている液体の量が等しいなら、何度液体を移し変えても、攪拌してもしなくても、カップに入っている量が等しい限り、Ａのカップに混ざったＢの液体と、Ｂのカップに混ざったＡの液体の割合は等しい。

なぜなら、カップＡに混ざったＢの液体の量がどれほどであっても、それと同量のＡの液体が、カップＢ（ここ以外にどこがある？）に入っているからである」

ミカエル氏は、液体に戻って次のような解説をしている。

「この紅茶とコーヒーのパズルを理解できない人が大勢いますが、簡単に説明できます。もともとのカップに入っている紅茶とコーヒーの量が同じで、移し変えた後の量も同じなら、移し変える量や回数に関係なく、紅茶のカップに混ざったコーヒーの割合と、コーヒーのカップに混ざった紅茶の割合は、必ず等しくなります。

たとえば、紅茶のカップに、最終的に紅茶が85％、コーヒーが15％入っているとしましょう。そうすると、もう1つのカップには、15%の紅茶と85%のコーヒーが入っていなければなりません。数式を使って求めるまでもなく、常識があればわかるはずです！」
では、先のアシュトッシュ氏やオジー氏は、どこで間違ったのか？ それぞれ考えてみていただきたい。

A **紅茶のカップに入っているコーヒーと、コーヒーのカップに入っている紅茶の割合は等しい。**

71

橋を渡る4人

このパズルも、マイクロソフトの面接でよく出題されるそうだ。解決には、優れた思考力、手順の構成力、複数の事柄を同時に処理できる能力、そして、紙とペンが必要になる。

Q

ある夜、4人のプログラマーが、壊れそうな吊り橋を渡ろうとしています。
一度に橋を渡れるのは2人までで、懐中電灯は1つしかありません。

吊り橋を渡るのにかかる時間はそれぞれ異なり、アレックスは1分、サムは2分、パットは4分、フランシスは8分かかります。最短何分で、全員が渡り切れるでしょう？

たいていの人は、ちょっと考えてから、次のような方法を思いつくのではないだろうか。

アレックスとサムが渡る（2分）。
アレックスが引き返す（1分、ここまでで3分）。
アレックスとパットが渡る（4分、ここまでで7分）。
アレックスが引き返す（1分、ここまでで8分）。
アレックスとフランシスが渡る（8分）。→合計：16分。

アレックスを懐中電灯の運び屋に使うのはよいアイデアだ。いちばん速いのはアレックスなので、理にかなった答えのように思える。サム、パット、フランシスが渡るには、それぞれ2分、4分、8分かかるので、合計14分。アレックスは2往復しないといけないのでそれに2分かかり、合計すると16分かかる。

でも、これではあまりに簡単だ。この方法が最短のはずがない！

何度もこのパズルを面接で出題してきたオーレ・アイヒホルン氏が、自身のブログにこの問題についての詳細な解説を載せているので、以下に引用させてもらった。

「まあまあの答えが出せると、それ以上を求めようとする人は少ない。それがこの問題のいいところだ。だからこそ私は、この問題を面接で出題している。

志望者が独自に最短の方法を見つけ出せば、文句なく満点だ。だが、悪くはないが正解ではない答えを出した後に、もっといい答えがないか考え続ける人にも、私は満点を与えている（正解を出すには、ちょっとした『アハ！』が必要になる）。

もっといい答えがあると認めようとせず、しまいには口論を始める人もなかにはいる。これは悪い兆候だ。自信を持つのはいいが、新たなアイデアに目を向けないのはいただけない」

では、どうやればもっと速く渡れるのだろう？　アイヒホルン氏の答えを見てみよう。

「このパズルのベストアンサーは、15分だ（方法は追って説明する）。だからといって、『いったい、どうやったら、15分で4人とも渡り切れるでしょう？』と志望者に尋ねても、志望者を困らせるだけである。面接では、それは避けるべきだ。

志望者が問題を理解するところから、答えを導き出し、その答えの正当性を述べるところまでを見るのが、理想の面接である。そのほうが、志望者の思考力がよくわかるし、志望者にも達成感が生まれる。

15分という結果だけを先に与えても、なぜそうなるかわからなければ、志望者は落ち込むだけだし、出題したほうも罠を仕掛けたような気持ちになる。

この問題の鍵は、フランシスとパットを同時に渡らせるという点に気づくことだ。となると、2人のうち速いほうを懐中電灯の運び屋とするしかない。だが、具体的にどうすれば、速く渡りきれるのだろう。遅い2人を同時に渡らせることにして、最初に思い浮かぶパターンはこうだろう。

フランシスとパットが渡る（8分）。

パットが引き返す（4分。この時点ですでに12分なので、どうも違うような気がする）

パットとアレックスが渡る（4分。すでに16分になってしまった。このやり方ではだめだ……）。

パットは懐中電灯を持って引き返さねばならなかった。しかも、単に引き返すだけではなく、また橋を渡ることになるので、彼の4分という時間が大きなネックとなってしまう。これではだめだ。

では、パットが引き返さなくてもいいならどうか？　パットよりも速い人物が先に渡っていて、代わりに懐中電灯を運んでくれたらどうだろう？　これも『アハ！』だ！

アレックスとサムが渡る（2分）。
アレックスが引き返す（1分、ここまで3分）。
フランシスとパットが渡る（8分、ここまで11分）。
サムが引き返す（2分、これが鍵となる！　ここまで13分）。
サムとアレックスが渡る（2分、ここまで15分）。

見事に解決できた！　おまけに極めて論理的である。選択肢が比較的少ないなら、徹底的に分析すれば、こうした論理は容易に見つかるものである」

ちなみに、別のやり方を求めて違った「アハ！」が生まれれば、さらに時間が短縮できる。ベン・ウェブマン氏から寄せられた意見は、「懐中電灯の光が、持っている人の周りしか照らせないほど弱いと想定する必然性はない。橋の半分、あるいは橋全体を照らせる、と想定してもかまわないのではないか」というものだった。

こうなると、懐中電灯を運ぶ必要がなくなるかもしれない。ウェブマン氏の解答では、懐中電灯の光は道中を照らすのに十分な明るさなので引き返す必要はない、とされている。

試しに、「懐中電灯の光は橋の半分を照らす」と仮定してみよう。そうすると、最短時間は何分になるか？　15分のときの解答をもとに考えると次のようになる。

アレックスとサムが渡る（2分）、ただし、アレックスは橋の真ん中までしか行かない。

アレックスが引き返す（0・5分、ここまで2・5分）。

フランシスとパットが渡る（8分、ここまで10・5分）。

サムが橋の真ん中まで戻る（1分、ここまで11・5分。これが鍵となる！）。

サムとアレックスが渡る（1分、ここまで12・5分）。

よって、15分から12分半まで短縮することができる。

この考え方について、アイヒホルン氏は次のようにコメントしている。

「素晴らしい！　懐中電灯が100％（橋全体）を照らすとすれば、一度に橋の上に立てるのは2人であっても、フランシスが橋を渡る間に他の3人も渡りきることができる。それが最短時間だろう（照らす範囲が8分の7であっても、答えは同じになる）。

では、『最短時間が10分になるときの条件』はどうやって確認すればいいか？

私の仕事を生かして、プログラムを書いて解こうではないか！　これほど少ない選択肢の中でなら、すべての組み合わせを確率的に調べて最短を求めることができる。

プログラムを書いた結果（懐中電灯の照射範囲を表すのが少々やっかいだった）、最短時間が10分となるのは、懐中電灯の照らす範囲が50％の場合であると確認できた」

腕に覚えのある方、ぜひ挑戦してみていただきたい。

72

ボウリングの球を落とす

このパズルは、ソフトウェアを「壊して」改良するのを仕事とするテスターに人気がある。複雑な問題を処理可能な段階に細分化できるかどうかが試される。

Q

見た目にまったく同じボウリングの球が2つあります。

100階建てのビルの何階から落としたら球が壊れるか、算定してください。

球の耐久性については一切わかりません。

1階から落として壊れてしまうほどもろいかもしれませんし、100階から落とさないと壊れないほど頑丈かもしれません。
つまり、落としたら確実に球が壊れる階を特定するためには、最低何回球を落とさないといけないでしょう?
正確な階が特定できるのであれば、球は2つとも壊れてもかまいません。

たいていの人は、1階ずつ順に確かめていこうとして、罠にかかってしまう。もちろん、それが答えではないはずなので、さて、どうしたものかと……。

ここで、「階を飛ばすことが可能だ!」とひらめいてほしい。球は2つあるのだから、飛ばした階はあとで確認することができると!

この問題では、品質テストでのサンプリングやちょっとしたトライアルアンドエラーを行った経験、または整数論の知識があると有利だ。

では、実際の面接で、ある志望者が披露した答えを紹介しよう。答えそのものだけでなく、問題を自分の言葉でとらえ直してから、解決策を提案していることにも注目してもらいたい。実際の思考のプロセスも、こんなふうになっているはずだ。

「このパズルの課題は、100階建てのビルからボウリングの球を落としたときに、球が壊れない最上階を求めよ、ということですね？　となると、ゴールは、n回落とせば求める階がつねに特定できる手順、それも最適な手順を考案することです。

nの最小値がいくつになり得るかを求めるには、体系的な手順が必要です。調査対象を2分割して片方ずつ調べるという方法がありますが、球が1つ壊れてしまったら、残り1つの球ですべての階を調べないといけなくなってしまうので、このケースでは使えません。

最善策を見つけるには、次のルールにしたがって、低い階から遡って調べる必要があります。

まず、もし、1回しか落とせないとしたら（落下数1）、テストできるのは、1階から落ちてもだいじょうぶかどうかだけです。

2回落とせるとしたら（落下数2）、テストできるのは最高3階までです。どのようにするかというと、まず、1つの球で、2階を最初にテストします。ここで壊れれば、もう1つの球を1階から落とします。壊れなければ、3階から落とします。

同様に見ていきましょう。

落下数３回なら、最高６階までテストできる。その際、３階を最初にテストする。ここで壊れれば、もう１つの球で、１階、２階と順にテストする。壊れなければ、４階～６階を「落下数２」と同じ手順でテストする。

落下数４回なら、10階までテストできる。その際、４階を最初にテストする。ここで壊れれば、もう１つの球で、残りの階を下から順にテストする。壊れなければ、「落下数３」と同じ手順で、残りの６階分（５階～10階）をテストする。

つまり、ｎ回落とすと、１からｎまでの数を合計した階数分、テストできます。

したがって、14回落とすと、１０５階までテストできます。この際、14階を最初にテストします。そこで球が壊れれば、もう１つの球を使って、それより下の階を順にテストしていきます。壊れなければ、次は27階（14＋13）からテストを始めて……と、続けていくのです。

その後、何回落とそうと、球が壊れる、壊れないにかかわらず、テストする回数の求め方は同じになるはずです（落とす回数の合計が、１からｎまでの総和と等しくならない場合は、１つずれることになりますが）。

この手順で１００階建てのビルでテストすると、『最大14回球を落とすことになる』とわかりました。

次は、14＋13＋12＋11＋10＋9＋8＋7＋6＋5＋4＋3＋2＋1という一連の数字を使って、1つ目の球を落とす階を特定したいと思います。

テストは14階から始めます。以後、27階（14＋13）、39階（14＋13＋12）、という具合に階をあげていきます。全部のパターンをあげると、14、27、39、50、60、69、77、84、90、95、99、100となります。

実際のところ、この手順では、1つ目の球を犠牲にして、その階から下の階に目標とする階があると判別することになります。そして、低い階から順に、2つ目の球を落としていって目標とする階を特定します。

1つ目の球が壊れたら、その階より下の階で、下から順に試していけばいいのです。そうすれば、最終的には、球を落としたら壊れる最上階が特定できるでしょう。このやり方が、もっとも効率のいいテスト手順です。

最悪のケースは、求める階が13階の場合です。なぜ最悪かというと、1つ目の球は14階から落とした時点で壊れます。ということは、以後、1階から順に13回テストしなければならないのです。13階以外であれば、テスト回数はこれよりも少なくすみます。

仮に、求める階が73階だとしましょう。ということは、球を6回（14階、27階、39階、50階、60階、69階）落とし、7回目（77階）で球が壊れることになります。

この時点で、求めるフロアは70階（69階から落として無事だったと確認できている）から77階（実際に壊れた階）の間に限定されます。この中で球が壊れる最初の階を特定するには、落としても無事だった階から単純に上がっていけばいいのです。70階、71階、72階、73階という順にテストしていけば、2つ目の球が壊れた時点で答えが出ます。

この例でいうと、答えとなる階を求めるには、11回球を落とす必要があります。

100階から落としても球が壊れなかったら、非常に頑丈な球だということになります。その特定に必要なテスト回数は12回です」

A　1回から14回の間で、答えとなる階が求められる。

73

一列に並んだ100人のプログラマー

このパズルを面接時間内で解くのは、かなり厳しい。志望者がじっくり考えられるだけの時間を十分にとるか、答えへ導く助けの手を差し伸べるべきだ。

解決にはさまざまなアプローチがあるが、特に素晴らしいアプローチが1つある。一般的な解法とともに、後ほど紹介する。

Q

意地悪な人事担当者の指示で、100人のプログラマーが縦一列に並ばされました。
そして、1人ずつ、赤か青どちらかの帽子をかぶらされました。
自分の前の人の帽子は見えますが、自分と自分の後ろにいる人の帽子は見えません。
担当者は、列の最後尾の人から順に、
「あなたの帽子は何色ですか?」と尋ねていくつもりなのです。
プログラマーは、「赤」か「青」のどちらかを答えねばなりません。
かぶっている帽子の色と答えた色が一致しなければ、
そのプログラマーは解雇となります。
自分の背後にいる人の答えは聞こえますが、
その人が解雇になったかどうかはわかりません。
列に並ぶ前に、プログラマー同士で相談し、決めごとをつくっておくことはできますが、
列に並び、帽子をかぶらされたあとは、担当者の質問に答える以外、
一切口を開いたり合図を送ったりすることはできません。
解雇となるプログラマーの数を最少に食い止めるには、
どんな手段をとればいいでしょう?

最善策は、みなで示し合わせて同じ色（たとえば「赤」）を言うことだろうか？　色の並び順に規則性がないなら、この方法で半数は助かるだろう。

また は、前にいる人がかぶっている帽子の色を言うようにする、という方法もとれる。これだと、後ろの人が言った色をそのまま答えれば確実に助かるが、前の人の色を言った当人には、なんの助けにもならない。だが、目の前の人の帽子の色を言う、後ろの人が言った色を言う、と交互に繰り返せば、少なくとも半数は助かる。

さらに、偶然前の人と同じ色の帽子をかぶっている人も助かるので、半数よりは若干多く助かるはずだ。実際、帽子の色の並び順に規則性がないなら、この方法では75％の人が助かる。半数よりずっと多い。

なかには、声のトーンや言い方がヒントとなるような取り決めをしておけばいい、と提案する人もいるかもしれない。ある志望者は、「小さい声で色を言ったら、目の前の人と同じ色であり、大きな声で言ったら違う色、と決めておけばよい」と提案した。確かに効果的だし、問題の趣旨にもそった提案だ。

だが、理想を言えば、声色を利用しない解決策が望ましい。

たとえ意地悪な担当者に内容を知られても、ほぼ全員助かる方法がある。ただし、最初に尋ねられる最後尾の人が助かる保証はないが。

どうやるかというと、最後尾の人が前にいる全員の帽子を数え、赤の帽子の数が偶数なら「赤」、奇数なら「青」と言うと決めておくのだ。そうすれば、99番目（最後尾から2番目）の人は、前を見て赤の帽子を数えればいい。

たとえば、99番目の人から見て、前の98人中、赤の数が偶数だったとする。このとき、100番目の人が「赤」と言ったのなら、99番目の人がかぶっている帽子は青のはずだ。もし、自分も赤だったら、100番目の人から見た赤い帽子の数が奇数でないとおかしいからだ。

同様に、99番目の人から見て赤の数が偶数のとき、100番目の人が「青」（赤の帽子の数が「奇数」であることを意味する）と言ったのなら、99番目の人の帽子は赤になる。自分の赤と合わせて、赤が奇数になるはずだからだ。

98番目の人は、99番目の人が言った色は当人がかぶっている帽子の色だとわかっているので、目の前の97個の帽子の色と合わせて計算し、自分のかぶっている帽子の色を求めればいい。以後、同様だ。

この方法なら、たとえ担当者が仕組みに気づいても、どうすることもできない。帽子の並び順に関係がないからだ。したがって、最悪100番目（最後尾）の人が解雇されてしまうおそれはあるが、99人は確実に助かる。

74

デジタルキング

典型的な２進法の問題なので、プログラマー志望者にとっては取り組みやすい問題だろうが、２進法の知識がない人には理解しがたい。

Q

ある国の暴君は、高価なワイン１０００本をセラーに眠らせています。
ある日、衛兵が、ワインに毒を入れようとした侵入者をセラーでとらえました。
ところがすでに、１本のワインに毒を入れられてしまったあとでした。
非常に強力な毒なので、どれだけ薄めても命にかかわります。
おまけに、毒の効果が表れるのは１カ月後です。
そこで暴君は、囚人にワインを毒見させることにしました。
１カ月後に、できるだけ少ない囚人数で、
毒入りワインを見つけるには、どうしたらよいでしょう?

このパズルの解は、プログラマーにはなじみ深いはずだ。

ワインボトルに1から1000まで番号を振り、2進法でその番号を記す。ボトル1、250、1000を例にあげると次のようになる。

ボトル1　　＝0000000001
ボトル250　＝0011111010
ボトル1000＝1111101000

そして、10人の囚人にも番号を振り、1番には、末尾のビットに1があるボトルのワインの毒見をさせる。2番には、末尾から2桁目のビットが1になるワインの毒見をさせる。この法則にしたがって毒見するボトルを割り振っていく。そうすると、10番は一番最初のビットが1のワインの毒見をすることになる。

たとえば、ボトル924の割り振りは、次のようになる。

ボトル924＝1　1　1　0　0　1　1　1　0　0
囚人　　　＝10　9　8　7　6　5　4　3　2　1

つまり、ボトル924を毒見するのは、囚人10、9、8、5、4、3になる。こうすれば、このボトルに毒が入っていた場合に命を落とすのは、この6人だけである。

1カ月後に、担当したビットの順に囚人を並べる。実質、生きている囚人は0ビット、絶命した囚人を1ビットとして読むわけだ。こうして数字の並びを特定すれば、毒の入ったワインボトルが特定できる（いくらパズルとはいえ、ひどい話だが！）。

ちなみに、命を落とす囚人の数を最少限に抑えたい（そして、囚人が大量にいる）、と王が考えている場合なら、999名の囚人に1本ずつワインを毒見させるのが最善策となる。

LESSON 4

確率のパズル

面接で出題されるパズルには、
確率に関するテーマのものが多い。
それは当然だろう。
仕事上の決断とは、ほとんどの場合、
その根底に確率の要素をもつものだからである。
新製品を導入すべきか？
成功する公算はどのくらいか？
競合他社が対抗してくる可能性は？
こうした問題を解決するには、
確率に関するいくつかの概念を、
何らかの形で理解している必要がある。
そして、
それを現実の問題に応用できる能力が
ビジネス上、不可欠なスキルなのである。

75

目隠ししてつかみ取り

これは、確率の要素が混じった簡単なパズルだが、甘く見すぎてはいけない。

Q

目隠しされた状態で、目の前に大きなボウルが置かれています。ボウルの中には、50ドル札、20ドル札、10ドル札、5ドル札が入っています。その中に手を入れて、1枚ずつ取り出します。同じ種類の紙幣を4枚取り出した時点で終了です。では、終了までに、最高いくら取り出すことになるでしょう?

多くの人が、200ドルという誤った答えを頭に思い浮かべる。50ドル紙幣が4枚だ。しかし、この推測には、同種の紙幣を4枚取り出すまでに、12枚の紙幣を取り出すことになる可能性が入っていない。

最高いくらになるかというと、答えは305ドルである。内訳は、50ドル札が3枚、20ドル札が3枚、10ドル札が3枚、5ドル札が3枚、そして最後の1枚が50ドル札なのだ。

76

男の子と女の子

長年使われている、確率問題の王道。だが、今でもややこしく感じるパズルだ。

Q

通りすがりの人をつかまえて、子どもがいるかどうか尋ねたところ、2人の子どもがいるとわかりました。
その2人のうち、少なくともどちらか1人は女の子です。
では、もう1人の子も女の子である確率はどのくらいでしょう？

答える前に、もう一度問題を振り返ろう。何度か繰り返して読むと、「少なくとも」ということばに違和感を覚えるのではないだろうか。いったい、「少なくとも」は何を意味しているのか？　そこで立ち止まって考えないと、早合点して50％と答えてしまう。当然、早合点の答えは誤りである。２人の子どもの組み合わせには、以下の４通りが考えられる。

	上の子ども	下の子ども
1.	女の子	女の子
2.	女の子	男の子
3.	男の子	女の子
4.	男の子	男の子

「少なくともどちらか1人は女の子」という条件から、上記の4は除外される。となると、どちらか1人が女の子であるパターンは、3通りあることになる。その場合、女の子の兄弟姉妹として考えられるのは、女の子、男の子、男の子、となるので、もう1人の子どもが女の子である確率は、3分の1である。

面接でこのパズルが出題されたとき、次のような説明をした志望者がいた。

「1人は女の子だとわかっていますが、その子が年上なのか年下なのか特定されていない点が、このパズルの鍵となります。仮に、『年上のほうが女の子』と決まっているのであれば、もう1人の子どもが女の子である確率は50%になります。

ですがこのパズルでは、『少なくともどちらか1人』が女の子、としか特定されていないので、その子が年上なのか年下なのかわかりませんし、兄弟がいるのか姉妹がいるのかもわかりません。よって、問題の少女に姉妹がいる確率は、3分の1となります」

77

白いおはじきを取って勝て

このパズルは、パズル上級者向けの問題である。

Q

白と黒のおはじきがそれぞれ50個ずつ（計１００個）入った容器があります。
白いおはじきを取り出したら勝ち、黒いおはじきを取り出したら負けとなります。
中身の入れ替えは自由ですが、
１００個すべてがどちらかの容器に入っていないといけません。
容器の中身をよく混ぜた後、目隠しされた状態で、
無作為に選ばれたどちらかの容器が目の前に置かれます。
そして、その中の１つを任意に取り出します。
白いおはじきを取り出す確率をできるだけ高くするには、

A

３分の１

どのように中身を入れ替えるとよいでしょう？

ある志望者は次のようなアプローチでこのパズルに取り組んでいる。複数の事柄をどう連携させているかに注目してほしい。

「この課題には、2つの選択があります。1つは容器の選択。どちらかの容器が選ばれる確率は50％です。

もう1つは、おはじきを取り出す選択。白のおはじきを取り出す確率は、中身の割合によって変わるので、『容器の中にある白いおはじきの数／容器の中にあるおはじき全部の数』という確率になります。

仮に、容器Aは白のみ、容器Bは黒のみとしましょう。

この場合に白のおはじきを取り出す確率は、

(容器Aを選ぶ確率50％)×(白いおはじきを取り出す確率100％)

(容器Bを選ぶ確率50％)×(白いおはじきを取り出す確率0％)

となります。

要するに、容器Aから白いおはじきを取り出す確率は100％ですが、容器Bから白いおはじきを取り出す確率は０％です。ということはどうなるか？　白いおはじきを取り出す確率は50％となります。

しかし、容器Ａに白いおはじきを全部入れなくても、同じ確率は保てるはずです。たとえ容器Ａに白が１個しか入ってなくても、確率は変わりません。ですから、１個を除いた白全部を容器Ｂに移し、白を取り出す確率を上げましょう。

容器Ａに白が１個、容器Ｂに白が49個と黒が50個入っていても、容器を選ぶ段階で白いおはじきが入っている割合は、やはり50対50です。ですが、白を取り出す確率は、容器Ｂを選んだとしても、ほぼ50対50になります。

以上の事象を計算し、具体的な確率を求めたいと思います。

（容器Ａを選ぶ確率50％）×（白いおはじきを取り出す確率１００％）

（容器Ｂを選ぶ確率50％）×（白いおはじきを取り出す確率49／99×１００％）

50＋50×49／99＝50＋24・７４＝74・７４……（％）

このやり方であれば、白いおはじきを取り出す確率が75％近くまで上がります。白を取り出す確率がいちばん高くなる方法だと言えるでしょう」

A

容器Aに白いおはじきを1個入れ、残り全部（白49個、黒50個）を容器Bに入れる。

78

勝算を最大にする

アルゴリズムに慣れているプログラマーにとってはやさしい問題だろうが……。

Q

3枚のカードが裏向けに置いてあります。
カードの表には、それぞれ数字が書かれています。
次のルールにのっとって、
いちばん大きい数字が書かれたカードを選ぶには、
どうすればいいでしょう？

〈ルール〉
カードを表に向けて、書いてある数字を見ます。

そのカードの数字がいちばん大きいと思えば、そのカードをキープします。
いちばん大きい数字だと思わなければ、そのカードは放棄し、
2枚目のカードを表に向けます。
その数字がいちばん大きいと思えば、そのカードをキープします。
そう思わないなら、そのカードも放棄し、3枚目のカードを表に向けます。
この場合、すべてのカードを表に向けたことになるので、
最後のカードをキープすることになります。
キープしたカードに書かれてある数字がいちばん大きいならあなたの勝ち、
そうでなければ負けとなります。

＊ヒント：具体的な数字を使って組み合わせを考え、法則を見つけるとよい。

いちばん大きい数字が書かれたカードを選ぶ確率は3分の1のように思える。だが、本当にそうだろうか？　いうまでもなく、もっと勝算を上げる方法がある（そうでなかったら、ブレイン・ティーザーにならない！）。次の法則にしたがえば、勝つ確率を3分の1（33％）から2分の1（50％）に上げられるのだ。

A	B	C	手順	結果
150	25	50	Aを放棄、Bを放棄、Cをキープ	負け
150	50	25	Aを放棄、Bを放棄、Cをキープ	負け
25	50	150	Aを放棄、Bをキープ、Cは無視	負け
50	150	25	Aを放棄、Bをキープ、Cは無視	勝ち
50	25	150	Aを放棄、Bを放棄、Cをキープ	勝ち
25	150	50	Aを放棄、Bをキープ、Cは無視	勝ち

「1枚目のカードを表に返し、数字を書き留めたら、どれほど大きな数字であっても放棄する。次に、2枚目のカードを表に向ける（残っているカードのどちらでも可）。そのカードの数字が1枚目の数字よりも大きければ、キープする。1枚目の数字よりも小さければ放棄し、最後の1枚を表に返す」

このやり方でうまくいくかどうか、実際に数字を当てはめて考えてみよう。便宜上、カードをめくる順にA、B、C、カードの数字は、150、50、25として、答えとして示した右のやり方を実際に表にしてみる。考えられる結果は、全部で表の6通りだ。

この6通りの組み合わせでは、勝ちが3

回、負けが3回となるので、勝率は2分の1。この法則は、どんな数値であっても当てはまる。

A

1枚目のカードを引き、数字を書き留めてから放棄する。
2枚目のカードを引き、1枚目の数字よりも大きければキープし、小さければ3枚目のカードを引く。

79

座席に座り、シートベルトを着用してください

この問題を見ると、頑として席の予約を受け付けないサウスウエスト航空の搭乗手続きを連想してしまう。

Q

飛行機の搭乗手続きをしようと、100人の列ができています。

その便の100席分のチケットは、並んでいる人がそれぞれ持っています。
便宜上、n番目に並んでいる人は、n番の座席のチケットを持っているとします。
ところが、1人目の乗客が自分の席番号を無視して
適当な場所に座ってしまいました。
他の乗客は、チケットどおりの席に座っていきますが、
自分の席を奪われてしまった人は、空いている席に座らざるをえません。
では、最後（100番目）に搭乗する人が
チケットどおりの席に座る確率はどれくらいでしょう？

＊ヒント：飛行機の中で2人だけに起きていることは？

この問題が面接で好まれるのは、志望者が飛行機に乗ってやってきていることが多いので、会話の自然な流れで出題できるからだろう。フォグ・クリーク・ソフトウェアの面接を受けた志望者の答えの中から、面接官の印象に残った答えを紹介しよう。

「これは数学的帰納法の問題のようですね。それを使って解くことも可能ですが、ここでは別のやり方で解決したいと思います。まずは、問題を単純化して考えてみましょう。飛行機に座席が2つしかなかったとしたら、最後の乗客はどちらかの席に座るしかありません。ということは、チケットどおりの席に座る確率は50％です。この確率は普遍的に当てはまるでしょうか？

座席数が１００の場合、最後の乗客が、たとえば75番の席に座ることはあり得るでしょうか？　あり得ません。座席が空いているのであれば、75番目の人が座っているはずです。

というより、１００番目の人が座れるのは、１００番か１番の席だけです。最後の人に選択の余地はありません。残っている席に座るだけです。つまり、先に搭乗した99人によって、選択肢は2つにされてしまっているのです。

誰にとっても、１番の座席も１００番の座席も違いはない（みなは各自の席を唯一の席だと思っているし、１番目の人はどの席も唯一の席だと思っていない）ので、結局は、１番の席が空いている確率と１００番の席が空いている確率は等しいはずです」

この問題に関する考え方は、フォグ・クリーク・ソフトウェアのウェブページに掲載されている。http://discuss.fogcreek.com/techInterview/default.asp?cmd=show&ixPost=1710&ixReplies=8

80

同じ誕生日

数学者の集まりでは、このパズルのような質問が、会話の中にしばしば登場する。意外な答えなので、余興に使ってもいいだろう。ただし、答えは覚えていても、考え方をちゃんと理解しておかないと、墓穴を掘りかねないので注意しよう。

Q

この会場の中に同じ誕生日の人が2人いる確率が50%となるには、何人の出席者がいなければならないでしょう?
(ただし、うるう年は無視すること)

1年は365日あるので、150人より多くなりそうに思うだろう。だが、答えは意外

A
50%

な数字なのだ。

ヒューレット・パッカードの新卒採用担当者がこのパズルを出題したときに、理想的だと思った解答を紹介しよう。最初に問題を単純化して考えたあとで、問われている事柄を再定義したことが評価されたのだ。


「まずは、受験者が２人だけの場合を考えてみましょう。

この２人が同じ誕生日である確率はどのくらいか？　逆に言えば、同じ誕生日でない確率はどのくらいかということです。こちらで考えていきたいと思います。

１年は３６５日なので、２人の誕生日が同じでないなら、１人はもう１人の誕生日を除いた３６４日のうちのどれかが誕生日となります。よって、２人が同じ誕生日でない確率は、３６４／３６５です。

もう１人増えたとしたら、３人とも同じ誕生日でない確率はどうなるでしょう？

２人が同じ誕生日でない確率は３６４／３６５でした。３人目がこの２人のどちらとも同じ誕生日でない（この２人の誕生日は別々の日）確率は、３６３／３６５になります。

したがって、３人が同じ誕生日でない確率は、３６４／３６５×３６３／３６５となります。

４人に増えても理屈は同じです。４人が同じ誕生日でない確率は、３６４／３６５×

３６３／３６５×３６２／３６５となり、以下の式で表すことができます。

$$\frac{364}{365} \times \frac{363}{365} \times \frac{362}{365} = \frac{\frac{364!}{361!}}{365^{3}}$$

この式は、n人の場合を求める式として公式化することができます。

$$\frac{\frac{364!}{\{364-(n-1)\}!}}{365^{(n-1)}}$$

この式を利用して、もともとの問題、「会場の中に同じ誕生日の人がいる確率が50％（１／２）となるには、何人の出席者がいなければならないでしょう」を式で表すと、同じ誕生日が少なくとも２人いる確率は、１から誰も同じ誕生日ではない確率を差し引いたものとなるので、次のようになります。

$$\frac{1}{2} < 1 - \frac{\dfrac{364!}{\{364-(n-1)\}!}}{365^{(n-1)}}$$

あとは、この式を満たすnの最小値を求めれば、この問題の答えとなります。

nに順に数字を当てはめて計算していくのが、いちばん簡単でしょう。

実際に計算すると、求める数字は23になります。

23人集まれば、少なくとも一組、同じ誕生日の人たちが存在する確率が50・7%となり、50%を超えます」

A

23人

LESSON 5

フェルミ推定問題

「フェルミ推定」は、
市場規模（マーケットサイジング）問題とも呼ばれる、
いわば概算見積もり問題だ。
イタリア生まれの物理学者、
エンリコ・フェルミ（1901-1954）の名前に由来する。
パズルや問題というと、正解は１つで、
それにたどり着くやり方も
１つしかないと思われがちだが、
フェルミ推定問題を解く場合は、
さまざまなアプローチがあっていい。
特に、面接で出題される場合は、
「正解」よりも「プロセス」が重視される。
本章に収録されている問題の「答え」も、
あくまで特定のやり方から
導き出した場合の答えにすぎないし、
また、「答え」自体、現実の「正解」ではない。
テレビ広告の言葉を借りるなら、
「事実とは異なります」ことをご了承願う。

81

マンハッタンの公衆電話の数

典型的なフェルミ推定パズルだ。マイクロソフトやヒューレット・パッカードでよく出題される。

Q

マンハッタン島に公衆電話は何台あるでしょう?

＊ヒント：マンハッタンを碁盤の目で考えてみよう。

まずはマンハッタンにある通りの交差点の数を見積もることからスタートするとよい。マンハッタン島を碁盤に見立て、およそ縦に10、横に300の通りが走っていると仮定すると、交差点は約3000カ所あることになる。

1つの交差点につき、公衆電話が2台あるとすれば、合計6000台になる。で、答えは、6000台。

しかし、この計算では、セントラルパークのような場所も通りに数えられているので、その分、差し引く必要があるだろう。セントラルパークの大きさを、縦に3ブロック、横に30ブロックと見積もるなら、パーク内に90の交差点があることになる。各交差点に公衆電話は2台と仮定しているので、６０００から１８０を差し引けばよい。

また、公衆電話は、レストランやホテル、学校、病院、ビルのロビーなどにも設置されていると思われるので、その分を足したほうがいいだろう。この数字は各自で算出してもらいたい。

なお、面接の場では、さらにもう一歩、公衆電話の数が著しく減少している要因として、携帯電話の普及、テロやドラッグ売買対策などにも触れるとよいだろう。

82 シャンプーとコンディショナーの数

コンサルティング企業のマッキンゼー・アンド・カンパニーやボストン・コンサルティンググループが、このパズルを大学の企業説明会で出題していた。

Q

ホテルで使用されるミニボトルに入ったシャンプーとコンディショナーは、世界中で年間どのくらい製造されているでしょう?

まずは、このサイズのボトルの利用目的を特定することから始めてはどうだろう。目的には次の2つが考えられる。

1. ホテルや同等の宿泊施設の客室の備品
2. ギフト商品につけたり美容室などで配ったりするためのサンプル品

目的を特定したら、客室にミニボトル入りのシャンプーとコンディショナーを常備するホテルや宿泊施設(以下、まとめて「ホテル」と呼ぶ)が世界中に何軒あるか見積もる。想像もつかないと、最初からあきらめてはいけない。もちろん、何の根拠もなく、だいたいこのくらいかと、当てずっぽうの数を使うのも論外だ。

たとえば、ホテルの軒数を見積もる1つの方法として、ホテルは、おもな都市やリゾート地に集結していると想定する。すると、世界には約200の国があり、1国あたりに主要都市およびリゾート地が平均10あるとすれば、世界の主要都市とリゾート地は２０００。

そして、ホテルは1都市につき20あるとする。２０００に20をかけて４００００。

したがって、ホテルの数は４００００となる。

これらのホテルで消費されるボトルの数を求めるため、今度は１ホテルあたりの年間消費量を算出しなければならない。それには、ホテルの総客室数が必要だ。でも、それだけでは不十分だ。すべてのホテルがいつも満室というわけではない。

ここはエイや！　で、ホテルの平均客室数を１００とし、年間50％の稼働率とすると、

４００００（ホテル）×１００（室）×０・５（稼働率）×３６５＝７３００００００

これで、シャンプーだけのボトル数は、7億３０００万となる。

でも、連泊する宿泊客の場合、１日にボトル全部のシャンプーは使わないはずだ。そこで、客室あたりのボトル消費量を、２稼働日につき1とすると、7億３０００万の半分の3億６５００万になる。

コンディショナーのボトル数を出すには、シャンプーとコンディショナーの使用比率を見積もる。シャンプーしか使わない人もかなりいるので、比率は2対1でいいだろう。そこで、3億6500万の半分にあたる約1億8000万を、ホテルにおけるコンディショナーの年間消費量と推定する。

次に、サンプルとして消費されるボトルを推定してみよう。

まずは、ミニボトル全体でサンプル用途が占める割合を見積もる。サンプル用途の割合は少ないと思われるので、ボトル市場の10%ぐらいに仮定すればよいだろう。

で、ホテルで消費されるボトルと併せて計算すると、シャンプーのボトルは、およそ4億、コンディショナーのボトルは2億となる。

これが、「フェルミ推定」によって求めた、世界中のシャンプーとコンディショナーのミニボトルの年間消費量だ。

では、算出した数値が「現実的」かどうか確認するとしよう。1年に製造販売されるボトルの数を約6億とし、1ボトルにつき25セントとする。となると、シャンプーとコンディショナー用のミニボトルの世界市場は、約1億5000万ドルとなる。妥当な数字と言えるだろうか？

83

アメリカにおける砂糖の消費量

アメリカ中西部にあるコンサルティング企業で、この手の問題がよく出題されるようだ。砂糖のほかにも、じゃがいもの消費量が問われることもある。

Q

アメリカにおいて、1人あたりの砂糖の年間消費量はどのくらいでしょう？

食品加工業のコンサルティングを行う企業でこの問題が出題されたときに、見積もりの具体的な材料となるデータが目の前にあることに気づき、そこから算出した志望者がいた。この人物の解答は、面接官にとって印象深いものとなった。以下がその解答である。

「まずは見積もりのもととなるデータをまとめようと思います。それから、アメリカ人の平均摂取カロリーにもとづいて砂糖の摂取量を算出してみます。

幸いなことに、いまちょうど、ペプシ・コーラの缶を出していただいています。成分表によると、1缶に含まれる砂糖は43g、熱量は160Kcalです。ここから計算すると、1gの砂糖の熱量は3・7Kcalです。

では、アメリカ人の1日あたりの平均摂取カロリーを2500Kcalと仮定しましょう。そして、1日の摂取カロリーで砂糖が占める割合を約25％と想定します。

これに、先ほどの3・7Kcalを使って計算すると、アメリカ人の1日あたりの砂糖消費量は、168gとなります。これに365日をかければ、年間消費量となります。

したがって、アメリカ人1人あたりにおける砂糖の年間消費量は、約61kgとなります」


もっとシンプルな方法で、この数値に近い答えをはじき出した応募者もいた。

「まず、アメリカでは1人あたり1日につきカップ1杯の砂糖を消費すると仮定します。カップ1杯の砂糖は約170gです。ということは、1人あたり年間約62kgの砂糖を消費します」


ちなみに、実際の数値を確かめるべく、アメリカの砂糖理事会のウェブサイトを訪問したところ、アメリカにおける１人あたりの砂糖の年間消費量は１５０ポンド（約68kg）だった。
素晴らしい。

84

アメリカにおける紙おむつの消費量

この問題は、経営コンサルティング企業ベイン・アンド・カンパニーが、名門ビジネススクールとして知られるペンシルバニア大学のウォートン・スクールやニューヨーク大学のスターン・ビジネススクールで企業説明会を行った際に使用された。

Q

昨年アメリカで販売された乳幼児向け紙おむつの量はどのくらいでしょう？

この問いに答えるには、自分の想定にそって考えを進めていけばよい。どう想定していいか見当がつかなかったり、何をすればいいかわからないなら、臆せず面接官に質問しよう。ただ、質疑応答ではなく「会話」をするよう心がけること。面接の最大の武器は会話なのだ！　では、解答例を紹介しよう。

「アメリカの人口を3億と想定します。そして、アメリカ人の平均寿命を75歳とします。わかりやすいように、各年齢層の人数を一律同じとして75の層に分けると、どの年齢層も400万人になります。

紙おむつを使う乳幼児を0歳から3歳までとすれば、400万（人）×3（年齢層）＝1200万人。このうちの80%が紙おむつを使うと想定します。すると960万になります。

1人の乳幼児が1日に使用する紙おむつは、5枚程度ではないでしょうか。新生児は5枚以上必要かもしれませんが、3歳児は5枚も使わないでしょうし。ですから、0〜3歳児が1日に使用する紙おむつは、平均5枚と仮定します。

960万人が1日に5枚使うとなると、1日あたりの合計は4800万枚。ということは、4800万枚の365日分が答えとなります」

ちなみに、面接の場では、大人向け紙おむつ市場も重要なマーケットである点にも触れると、印象がよいようだ。

85 アメリカのピアノ調律師の人数

すっかりおなじみとなったマイクロソフトの定番問題。正解を出せるかどうかではなく、この問題をどうとらえ、どう分析し、納得できる答えをどうプレゼンするかが試される。

Q アメリカにピアノ調律師は何人いるでしょう?

医療ＩＴ企業アペリオの技術部門責任者、オーレ・アイヒホルン氏は、自身のブログ「The Critical Section」（http://w-uh.com）で、この問題に取り組んでいる。次が彼のやり方だ。

「これは、いわゆる『正解』を知る者がいない類の問題だ。グーグルで探しても、きっと正解は見つからないだろう。だが、妥当な見積もりを出すやり方はある。この手の問題が面接で出題されるのは、それをやってもらいたいがためである。

つまり、『正確な』数値がわかることよりも、見積もりを求めるやり方がわかるほうが、はるかに重要なのだ。答えを算出するやり方として以下を示せば、面接官に評価してもらえるだろう」

1　アメリカの人口を見積もる。
2　1のうち、ピアノを所有する人の数を見積もる。
3　人が所有する「以外」のピアノの数を見積もる。
4　ピアノの調律にかかる時間を見積もる。
5　調律が必要な頻度を見積もる。
6　4と5で求めた数値を使って、ピアノ1台あたりの調律師の人数を見積もる。
7　2と3と6で求めた数値を使って、答えを見積もる。

考え方を提示されるよりも、具体的な見積もり数を知りたいなら、次の解答例を参照してもらいたい。

「アメリカの人口は約3億。1世帯あたりの平均人数を4人とすると、世帯数は7500万。そのうちの10％がピアノを所有すると仮定します。そうすると、アメリカにピアノは７５０万台あることになります。
ピアノの調律は年に1回必要です。そして、調律師は１日平均４台のピアノを調律すると仮定します。年間３００日働くとすれば、１年に調律師１人あたりが調律するピアノの台数は１２００台となります。
したがって、７５０万台÷１２００台＝６２５０となり、アメリカには６２５０人のピアノ調律師がいると思われます」

86

アメリカの自動車の数

これもマイクロソフトで何度も出題されている。

Q

アメリカに車は何台あるでしょう？

これも、アメリカの人口を想定することから始めるのが定石だ。数値の正確さは重要ではないとはいえ、知っていると何かと便利だ。アメリカの人口は、約3億と覚えておくとよい。

次は、車を所有する人の割合を見積もるのが一般的だが、違うものを想定するのも立派な方法だ。たとえば、どんな人は車を所有しないかを考えてみると、囚人、子ども、ホームレス、マンハッタンに暮らす人々などが挙げられる。複数の車を所有する人もいる点に触れてもよいだろう。

また、レンタカー会社などが有する「保有車両」を含めるかどうかについても、触れるとよい。よく考えてみれば、カーディーラーに置いてある車も、アメリカにある車と言える。だが、在庫車は無視することにしよう。そうしたことに詳しいならともかく、わざわざ問題を複雑にする必要はない。妥当な所有者の割合を示すことができれば十分だ。

面接で尋ねられた質問の答えとしては、この車社会の国における車所有者は人口の65％、と答えればよい。とすると、アメリカには1億9500万台の車があることになり、妥当な数値と言えるだろう。

87

アメリカのガソリンスタンドの数

前問の続きのような問題だが、これもまた、マイクロソフトお得意の問題だ。

Q

アメリカにガソリンスタンドはいくつあるでしょう?

まずは、アメリカに車が何台あるか見積もることから始める。

市場規模を見積もる問題にはさまざまな算出方法があるが、よく知られた方法で進めていくことにしよう。独創性は感じられないかもしれないが、失敗するおそれはもっとも低い。

このとき、自分のアプローチ方法は、次のように、最初にはっきり示すようにする。

「この問題を解くにあたり、まずはアメリカにある車の台数を求め、それから、1日にガソリンスタンドを使用する車の平均台数を求めようと思います。前者を後者で割れば、ガソリンスタンドの数が求められます」

前問の答えを利用し、アメリカにおける車の台数は1億9500万とする。次に求めるのは、車1台あたりが給油する頻度。自身の経験をもとに算出できるはずだ。仮にここでは週に1回とする。ということは、7日間で全部の車（1億9500万台）に給油するということになる。

今度は、ガソリンスタンド1軒につき、7日間で何台の車に給油できるかを見積もる。1軒あたりを算出すれば、全体の数を見積もるのは簡単になる。これをするかしないかで、答えにたどり着くスピードが違ってくる。

ここでむずかしいのは、ガソリンスタンドの営業時間をどうとらえるかだ。現実には、深夜0時から午前7時までは営業しないスタンドもある。現実にそって想定するなら、「7日間必要」という部分に修正が必要となる。

ただ、24時間営業のスタンドが増える一方なのも事実だ。無人スタンドや終日営業のスタンドの増加を思えば、すべてのガソリンスタンドが24時間営業と想定しても、妥当と言えるだろう。

では、給油時間はどのくらいか？　支払いにかかる時間も考慮に入れると、1台につき平均10分とみていいだろう。ここで、スタンドに設置されている給油機の台数に触れる。1台しか設置していないスタンドはいまや皆無である。実際、10台や20台の給油機を備えているスタンドがほとんどで、もっと多いところもあるくらいだ。

ただ、何時間も客が来ないような車通りの少ない場所にあるスタンドでは、やはり台数は少ない。給油時間と給油機の台数から考えて、新たな想定を設ける必要がある。

では、1時間あたりに給油する車を10台としよう。


これでようやく計算材料が揃った。7日間24時間オープンのガソリンスタンド1軒あたり、1時間に10台の車に給油するのだから、7日間に扱う車の台数は、7（日）×24（時間）×10（台）＝1680台。

したがって、アメリカにおけるガソリンスタンドの数は、1億9500万（台）÷1680（台）＝11万6071軒となる。

ここで、実際の数を調べてみよう。

アメリカ運輸省運輸統計局が発表した、二〇〇一年時点での国内自動車保有車両数は、1億2974万8704台である。また、全米コンビニエンスストア協会（NACS）によると、国内で車両用ガソリンを販売する店舗は12万軒である。

どちらも、すばらしい見積もりだ！

88

ゴルフボールの消費量

「なぜかわからないが、マッキンゼー・アンド・カンパニーやベイン・アンド・カンパニーは、ゴルフというテーマに強い関心を持っているようだ」との声が、同社を受験した人々から上がっている。

Q

アメリカでゴルフボールは何個製造されていますか?
また、ゴルフボールの需要をかき立てる要因は何でしょう?

ベイン・アンド・カンパニーの元採用担当者がいちばん感心した答えを紹介しよう。

「そうですね、私はゴルフをやりませんが、ゴルフボールの売り上げは、消費者によって決まると思います。では、ゴルフボール市場に見合うと思われる仮説をいくつか立てましょう。

これにはアメリカの人口がかかわってきます。その数は3億です。ここで、アメリカ人の平均寿命を80歳とすると、この市場に関係するのは20代から70代までに絞ることができます。したがって、80年から30年分を除外、すなわち3億の8分の3を除外できます。よって、ゴルフボール市場の対象顧客は１億１１００万となります。ただ、この全員がゴルフをするわけではありません。経験から判断するに、ゴルフをするのは10人中４人といったところではないでしょうか。そこで、１億１１００万の10分の４にあたる４４００万人がゴルフをやり、ゴルフボールを買う人々とします。

今度は、ボールの購入頻度です。１カ月に１人あたり平均何個のゴルフボールを買うか、具体的に見積もってみましょう。

３個入りのパッケージで売られていることが多いので、１カ月の１人あたりの平均購入数は３個としましょう。となると、３（個）×４４００万（人）＝１億３２００万個のボールが必要となります。

残るは、１年にゴルフができる平均月数の算出です。フロリダのように温暖な地域では１年中プレイできますが、もっと寒い地域では年に４カ月の間しかプレイできないと思います。間を取って平均８カ月とするのが妥当でしょう。

以上のことから、１カ月の平均購入数に８をかけて、１年にゴルフボールが消費されるのは、約11億個となります」

ちなみに、働き盛りよりも定年を迎えた人々のほうが頻繁にプレイすることを考慮に入れて、より精度の高い見積もりにすることもできる。

89

アメリカの理髪店の数

この問題は、ヒューレット・パッカード、アマゾン・ドット・コム、マッキンゼー・アンド・カンパニーなどで出題されている。

Q

アメリカに理髪店は何軒あるでしょう?

例によって、いくつかの事柄の想定から始めるとしよう。理髪店の利用者は男性だけだ。アメリカの人口は約3億。その半分が男なので、アメリカの男性の数は1億5000万人となる。だが、乳幼児は理髪店を利用しない。よって、男性と言っても

80％に当たる1億２０００万人を対象としよう。

散髪は月に1回と仮定すると、１カ月間で全員（1億２０００万人）の散髪をすることになる。

また、理髪店1軒につき、実際に散髪にあたる理髪師を1人とする。

ここで、理髪店1軒あたり、何人の散髪ができるか考えてみよう。散髪にかかる時間を15分とすると、1時間に4人。週の営業時間を40時間とすると、1週間に散髪する人数は１６０人。店によって営業時間は前後するが、８（時間）×５（日）＝40時間は妥当と言えるだろう。

1カ月に換算すると、１６０（人）×４（週）＝６４０人となる。

したがって、1億２０００万人を６４０人で割ると18万７５００となり、アメリカの理髪店の数は、18万７５００軒と想定できる。

90

アメリカでイヤリングを身につける人の数

このパズルは、社会的風潮にまつわる推測も加えながら解けるところが楽しいらしい。

Q

アメリカでイヤリングまたはピアスを着用する人の数は？

このパズルは、コンサルティング企業インダクティスで出題された。やはり、答えとなる具体的な数値を、出題する側も知らないまま出題されている。

妥当な数値を算出してそのプロセスを説明し、理由づけができるかどうかを見るだけだからだ。社会の風潮に敏感な人は有利かもしれない。

では、標準的な解法を紹介しよう。「イヤリング」には、ピアスも含まれるものとする。

アメリカの人口は約3億で、平均寿命を75歳とする。

当然、その半分は女性。

半分、つまり1億5000万人のうち、16歳以上の女性は5分の4（1億2000万）。

1億2000万人のうち、イヤリングを着用する人はその4分の3と仮定すると、9000万人。

16歳未満3000万人のうち、5分の4（2400万）が16歳までにイヤリングをつけるようになると仮定する。

近年は、男性もピアスをつけるようになってきたので、男性も考慮に入れよう。

男性１億５０００万のうち、16歳以上の男性は５分の４（１億２０００万）。

１億２０００万人のうち、20分の１（６００万）がピアスをつけると仮定（これは自身の経験からの判断）する。

16歳未満３０００万人のうち、ピアスの着用を両親から容認されるのは50分の１（60万）と仮定する。

以上を合計すると、９０００万＋２４００万＋６００万＋60万＝１億２１００万人となるので、アメリカでイヤリングを着用する人は１億２１００万人である。

91 クレジットカードの枚数

以前、インダクティスの採用情報のホームページに掲載されていたフェルミ推定問題である。

Q

世界にクレジットカードは何枚あるでしょう?

標準的なアプローチは次のとおり。

世界の人口は約66億である。

クレジットカードが持てない地域（農村部や極貧地域など）に、その半数が住んでいると仮定する。

残りの33億のうち、16歳以上を4分の3（24億7500万人）とする（アメリカにおける割合は5分の4と多いが、世界でもアメリカは少子高齢化が進んでいるほうである）。

24億7500万人のうち、3分の1（8億2500万）はクレジットカードを所持していないものとする（信用がない人、クレジットカードを信用していない人、無職の人など）。

以上から、全世界で、クレジットカードを持っている人は約16・5億人。

このうち、10枚所有する人もいれば、1枚だけの人もいる。よって、平均して1人あたり3枚のカード（VISA、MasterCard、American Express）を所持すると仮定すると、世界にクレジットカードは50億枚（16・5億×3枚）あると想定できる。

LESSON 6

ビジネスケース問題

この章と次の章でご紹介するのは、
これまでのものとは少し異なる。
おもに、外資系の
コンサルティングファームの面接で出題されるもので、
原則として、面接担当官とのやりとりそのものが
評価対象となる問題だ。
まずは、「ケースインタビュー」や
「ビジネスケース」と呼ばれる、
現実世界や仮想のシチュエーションに基づいた問題。
面接対策としてはもちろんだが、
総合的なビジネス思考のトレーニングとして、
あるいは、仕事上の実際の「問題解決」の手順、
ならびに、社内でのプレゼンのモデルとしても、
役立てていただきたい。

ビジネスケース問題の特徴

「ケーススタディ」の問題で取り上げられる「ケース」の内容は、マーケティングや経営、戦略、会計など、募集職種によって異なり、たとえば、コンサルティングに関するケースなら、「クライアント企業は、必要な技術を開発するべきか、それとも、ライセンス契約や企業買収で、その技術を買うべきか?」などとなる。

大きく、演繹的なケースと帰納的なケースに分けられる。

演繹的なケース

総合的な事柄から特定の事柄に向かって論じていくタイプの問題。特徴は次のとおり。

- ほとんど情報が与えられない。
- 追加情報を得る能力が試される。
- 新たに得た情報に基づいて、フレームワークを組み立てる力が求められる。

帰納的なケース

特定の事柄から総合的な事柄に向かって論じていくタイプの問題。特徴は次のとおり。

- 詳細な情報が与えられる。中には不要な情報も混じっている。

●重要点を抜き出す能力が試される。
●関係する情報をもとに、深く考察する力が求められる。

ビジネスケース問題の解き方

ビジネスケースで大切なのは、アプローチ方法であって、答えが合っているかどうかではない。48カ国にオフィスを構える経営コンサルティング企業、アクセンチュアの面接では、論理パズルは出題されないが、ケース問題は尋ねられ、その際に重視されるのは、答えの数字ではなく、理にかなった体系的なアプローチをとっているかどうかだという。人事担当者は言う。

「信頼性の高いアプローチや解決策が複数あるので、論理的かつ順序立てて答えることがもっとも重要になります。ケースに登場する業種についての深い知識を見せてもらおうとは思っていません。ただ、持てる知識を有効に活用し、良識に基づいて仮説を立ててもらいたいのです」。

出題されるケースは、企業や面接官によってさまざまだが、いずれも、与えられる手がかりやデータ、助言に敏感であるよう心がけてほしい。1人で考えて答える場合もあれば、面接官にいろいろと質問を投げかけて、対話をしながら答える場合もある。

いずれにしろ、どんなアプローチをとるのか、また、どんなことを排除して考えを進めているのかを声に出して相手に伝えることが必要だ。行き詰まったら、たいていは面接官が進むべき方向に導いてくれる。


ビジネスケースには、市場分析や新製品開発のテーマがよく登場する。大事なポイントを確実に押さえる、とるべき手順や効果的な質問というものがある。特に概算見積もりが必要となるビジネスケースに取り組むには、次の6つの点を覚えておくとよいだろう。

1　解決すべき課題を特定する

面接では、口頭で問題を伝えられるので、注意深く耳を傾けるのはもちろんだが、メモを取る許可を得るとよいだろう。そして、ポイントとなる事柄を書き留める。

その際、ケースに出てくる企業の目標も確認すること。それも、短期目標と長期目標を尋ねるようにする。わかりきっているように思えても、勝手に決めつけてはいけない。目標の中に課題が隠れていることが多いのだ。

つねに尋ねる姿勢を忘れずに！　コンサルタントは必ずクライアントに質問することからも、その大切さは明らかだと思う。

2　復唱する

聞いたことをすぐに繰り返して言おう。これをするには理由がある。

1　質問をもう一度全部聞くことになる。

2　面接官の話をきちんと聞いていたというアピールにもなる。

3　意味を取り違えて答えることの防止にもなる。

特に、3番目の理由は重要だ。案外、こうした勘違いはよく起こる。そして、そんなことをすれば不採用になる確率が大いに増すのは言うまでもない。

3　仮説を立てる

仮説に基づいたアプローチを好む企業は多い。一般には、課題内容に関して早い段階で仮説を立て、それに沿って解決することを求める企業が多いが、なかには、ケースの結論としての想定や提案に向けて考えを進めていくアプローチを好む企業もあるので、事前の調査が必要だ。

仮説を立てたら、データを集めつつその仮説を検証していく。集めたデータで仮説が実証できなければ、新たに仮説を立て直して進めていけばよい。

状況を図に表したほうが、分析しやすくなる場合もある。

4　既存のフレームワークや独自に組み立てたフレームワークを使い、体系的に分析する

ここでいう「フレームワーク」とは、考えを組み立てたり、ケースに出てくる重要な課題の分析に活用できる定型的な枠組み・分析方法のことだ。有名なものとしては、費用対効果分析やポーターのファイブフォース分析などがある。

ただし、フレームワークを決めれば問題が解けるというわけではない。フレームワークはあくまでも考えをサポートするものにすぎない。あまりとらわれすぎることなく、自分自身の自由な発想を優先させるよう心がけよう。だいたい、あるフレームワークに沿って進めれば解決してしまうようなケースは、面接の問題として、あまり優れているとはいえない。

分析の進め方が決まったら、その主旨を面接官に伝え、アプローチの手順をわかってもらうようにする。

5 データを集めて仮説を試す

まずは、基本的な事柄を質問して確認する。そして、自分がとるフレームワークを論理的に見直し、もっとも重要だと思う課題からとりかかる。そうすれば、許された時間内で、主要点を綿密に分析できるだろう。

ケース内容は、わざと曖昧に出題されているおそれがあるので、必要な情報が手に入っているか、つねに気を配ること。また、業界、ライバル、総合的に見た戦略、サプライヤーや買い手に対する影響といった、さまざまな内的および外的要因について掘り下げることも忘れてはならない。

6 すべての仮説を検証する

1 それぞれの仮説における費用対効果を考慮する。その効果が無視できるシチュエーションならば、その理由も考える。自分の仮説と根拠を明確にする。
2 立てた仮説が結果に及ぼす影響の度合いを分析する。
3 結論となる仮説を決める。
4 自分の分析結果と、使ったアプローチ方法についてまとめる。
5 自分の立てた仮説とそれを裏づける事実に言及したうえで、主な所見をまとめる。
6 現時点で効果があり企業戦略に即した仮説を選び、データと適合する最終案を決め、発表する。

7 次に必要となるステップや、さらに踏み込んだ分析結果を提示する。

8 さらに、最終案に付随するリスクにも言及すれば、評価が上がる。

ビジネスケースを出題する目的は、論理的に問題を分析する能力を試すことだ。したがって、あらゆる想定や判断に正当性があるか、きちんと検証しなければならない。複雑な問題に対峙したら、細分化して考えること。そして、得られたそれぞれの結論から、全体の結論を導き出すようにする。

そうすれば、自分の思考プロセスをさかのぼって見ることもできるので、最適な結論を導き出せなかった場合でも途中で修正できる。数学の問題を解くのと同じだ。

情報が必要なときは、恐れずにどんどん質問しよう。わざと曖昧に問題を提示しているのかもしれないのだから、知らないことがあって当然だ。知らないことを尋ねたほうがむしろ評価される。尋ねることによって、論理的な思考プロセスに光が差し込むだろう。

では、さっそく実際の問題を見てみよう。

92

小売り企業の経営戦略

コンサルティング企業、ボストンコンサルティンググループ（ＢＣＧ）が人材に求めているのは、仮説を立てて進めるコンサルティング業務の理解、膨大な情報を消化できる能力、そして、解決の過程を論理的に説明できる能力である。

このケーススタディは、ＢＣＧのウェブサイトに以前、掲載されていたものだ。これから ご紹介する応募者と面接官とのやりとりは、手本ともいうべき内容なので、ぜひとも参考にしてもらいたい。フレームワークももちろん大事だが、ここでは会話の「質」のほうが重要である。

Q

カナダで最大店舗数を誇るディスカウントショップチェーン（店舗数５００）があなたのクライアントです。仮にＣ社とします。

数年がたち、Ｃ社は相対的マーケットシェアでも収益性でも、店舗数第２位のＤ社（店舗数３００）を上回るようになりました。

ところが、米国最大のディスカウントショップチェーン、Ｕ社がＤ社を買収しました。

300店舗をすべてU社の店舗に切り替えるつもりです。C社のCEOはこの事態に不安を覚え、あなたに次のような質問を投げかけました。「わが社はだいじょうぶだろうか？　どう対処すればいい？」。あなたならどうアドバイスしますか？

＊ヒント：結論を出すべき課題は3つ。

まずは、定石どおりケースの内容を理解することから始める。面接官に対して質問を投げかけるのがよいスタートだ。ただ、次の最初の質問は基本的すぎると思わないでもない。

志望者　では、クライアントであるC社は、米国のライバル企業のカナダ進出に直面しているのですね。となると、その脅威の程度を調べて、対処方法をクライアントに助言することがタスクとなります。C社CEOに助言するには、もっと状況についての情報が必要です。ディスカウントショップチェーンとのことですが、どんな店なのでしょう。まずはそれを教えてください。

面接官　ディスカウントショップとは、さまざまな消費財を販売する店舗のことです。家庭用品や電化製品から衣料品まで、ほぼ何でも揃っています。アメリカでは、Kマートやウールワース、ウォルマートなどがディスカウントショップとして有名です。

ここで応募者は、フレームワークを設定する。

志望者　わかりました。では最初に、カナダのディスカウントショップ市場の現状についてと、C社が市場トップとなった経緯を把握したいと思います。次に、アメリカの市場を調べて、U社がトップの地位を築いた背景を探ります。この2点を理解すれば、アメリカで通用したU社の強みが、カナダ市場でも通用するかどうか判断できるでしょう。以上のアプローチで、この課題に取り組んでいきたいと思います。

面接官　いいですね。では、カナダのディスカウントショップ市場の考察から始めましょう。何について知りたいですか？

志望者　C社の500店舗は、D社の300店舗の近くに構えているのでしょうか。それとも、離れた場所にあるのでしょうか？

面接官 両社は近い場所に店舗を構えています。近いどころか、C社が見えたら、その次の角にD社が見えるぐらいのところもあります。

志望者 C社とD社の品揃えは似ているのでしょうか？

面接官 ええ。扱っているブランド数はC社のほうが多い傾向にありますが、品揃えはおおむね同じです。

志望者 C社の価格帯がD社よりも大幅に低い、ということはありますか？

面接官 いいえ、C社のほうが安い商品もあれば、D社のほうが安い商品もあります。ですが、平均的な価格帯はほぼ同じです。

志望者 C社のほうが利益を上げているのは、店舗数が多いという理由からだけでしょうか。それとも、店舗あたりの利益率が高いのでしょうか？

面接官 1店舗あたりで比較すると、D社に比べてC社のほうが高い利益を上げています。

志望者 となると、高い利益率の原因は、経費を抑えているか、売上が多いかのどちらかが考えられます。1店舗あたりの利益率がD社に比べて高い原因は、どちらでしょうか？

面接官 C社の原価構成はD社と変わりません。1店舗あたりの利益率が高いのは、売上が多いからです。

志望者　売上が多いのは、D社に比べて店舗の規模が大きいからですか？

面接官　いいえ。C社の店舗の平均的な規模は、D社とほぼ同じです。

志望者　出店場所、店舗の規模、価格帯、品揃えのどれも変わらないのに、なぜC社のほうがD社よりも多く売り上げるのでしょう？

面接官　それは自分で解明してください！

志望者　C社の経営のほうがD社よりも優れているのでしょうか？

面接官　C社のほうが企業として優れているかどうかはわかりませんが、個別の店舗運営のやり方は、明らかにD社と異なります。

志望者　どのように異なるのですか？

面接官　D社は本部で全店舗を管理していますが、C社はフランチャイズ制をとっています。C社の場合、資金を提供してフランチャイズ加盟者となった人物が店舗のオーナー兼経営者となり、利益の一部を得る仕組みになっています。

志望者　ということは、C社の店舗のほうが、経営的に優れていると言えるでしょう。利益を最大にしようという意欲が高くなりますから。

面接官　まさにそのとおりです。C社の売上が多いのは、サービスの素晴らしさによるところが大きいと言われています。店舗の清潔さ、人目を引く店づくり、商品の補充具合などが、D社に勝っています。これは、昨年実施された顧客調査を通じて得た結果です。

さて、カナダの市場についてはは十分理解できたようですね。では、アメリカのディスカウントショップ市場に話を移しましょう。

志望者 U社のアメリカにおける店舗数とアメリカで業界2位の店舗数を教えてください。

面接官 U社の店舗数は4000、2位の企業は約1000になります。

志望者 アメリカの平均的なディスカウントショップに比べて、U社の店舗は規模が大きいのですか？

面接官 ええ。平均的なディスカウントショップの広さは10万平方フィートですが、U社の店舗は、平均20万平方フィートの広さがあります。

志望者 それほど差があるなら、業界2位の8倍ほど売り上げていてもおかしくないのではありませんか！

面接官 近いですね。U社の売上は約50億ドル、2番手の企業の売上は約10億ドルです。

志望者 それだけの売上をあげているなら、U社は納入業者に対してかなりの力を持っているでしょう。他社よりも安く仕入れているのではありませんか？

面接官 そのとおりです。他社に比べて約15％低い価格で仕入れています。

志望者　では、おそらく販売価格も安く設定しているのでしょう。

面接官　ええ。他社に比べて平均10%ほど低い価格で販売しています。

志望者　となると、U社の成功は、他社よりも安い価格によるところが大きいようですね。

面接官　その面は確かにあります。ただ、売り場面積が広いという点から、品揃えの豊富さにも一因があるようにも思えます。

志望者　U社がそれほど大きな店舗を構えるようになった経緯を教えてもらえますか？

面接官　個人商店や小規模のディスカウントショップが立ち並ぶ、田舎の地域に大型店を出店したのが始まりです。大型店のほうが好まれるだろうとの読みだったのですが、見事に当たりました。その後、企業として成長し、納入業者に対する力を強めていくとともに、同業他社を買収してU社の仕様に変えていくようになりました。

志望者　では、同業他社を買収すると、U社のように売り場面積も拡大したのですか？

面接官　一概にそうではありません。そうした店舗もあります。ですが、先ほど「U社の仕様に変える」と言ったのは、「U社と同じ商品を扱い、他社よりも平均して10%安い価格で販売する」という意味です。

志望者　買収した店舗を、U社の平均的な店舗ほどの広さに拡張するかどうかを決める基準は何ですか？

面接官 それには、既存店舗の面積、近隣のライバル店の状況、不動産価格など、たくさんの要素が絡んできます。今はこの件に踏み込む必要はないでしょう。

志望者 そうですか。カナダで買収した300店舗の、今後の見通しに関係するかもしれないと思ったのですが。

面接官 カナダの店舗に関しては、既存店の面積を広げる予定はないとしておきましょう。

志望者 わかりました。U社についてもかなり理解できました。今度は、カナダ市場でU社が成功できるかどうか考えていきたいと思います。U社はカナダでも有名ですか？

面接官 いいえ。同業者はもちろんU社のアメリカでの成功を知っていますが、カナダの消費者の間では、無名に近い存在です。

志望者 C社とU社の品揃えは似ていますか。また、カナダの消費者とアメリカの消費者では、受け入れる商品やブランドに違いはありますか？

面接官 品揃えは似ていますが、C社はカナダの納入業者の品に力を入れています。

志望者 C社の売上額はいくらですか？

面接官 年間で、約7500億ドルになります。

志望者 U社がカナダでビジネスを行うにあたり、C社よりも経費がかさむと考えられる

面接官 要因はありますか?

志望者 具体的に言うと?

面接官 たとえば、アメリカよりもカナダのほうが、人件費やリース料が高いということはありませんか?

志望者 カナダの人件費は非常に高いです。リース料についてはよくわかりません。何が言いたいのですか?

面接官 ビジネスにかかる経費がかさむなら、カナダでの価格設定を高くしないといけなくなるのではないかと思ったんです。経費をカバーするために。

志望者 その必要性は出てくるでしょう。ですが、人件費がかさむのはC社も同じはずです。何かほかに、U社がカナダでビジネスを展開するにあたって、C社にはかからないコストはありませんか?

面接官 商品の輸送費が高くなるのではないでしょうか。アメリカにある倉庫からカナダまで運ぶことになるでしょうから。

志望者 たしかに、C社の店舗はカナダのみであり、カナダの納入業者から多く仕入れているという意味で、輸送費の面で有利です。ですが、アメリカから運んでくる商品もかなりあるので、有利といっても大したことはありません。コスト全体のたった2%です。

志望者　以上のことから考えると、U社はC社よりもかなり有利な販売価格を維持できるでしょう。10%とは言わなくても、7、8%は安くできるはずです。

面接官　私もその数字には賛成です。

そして、最終段階として、全体のまとめと提案がくる。

志望者　私なら、C社のCEOにこうアドバイスしたいと思います。
「当面は心配いらないでしょう。C社のほうがU社よりもずっと知名度が高いですし、経営も安定しているようですから。
ただし、U社の7～8%安い価格が継続的に消費者の目に映ると、U社で買い物をしたほうが年間を通じてかなりの額を節約できる、と消費者は考えるようになると思われます。C社に信頼を寄せる顧客や、上質なサービスを好む顧客などは残るでしょうが、ディスカウントショップで買い物をする客はいちばん安い店へと流れるものです。
それに、時が経つにつれて、U社の存在がカナダで知られるようになっていくので、知名度の利点はいずれなくなります。長期的に見ると、U社にかなりのシェアを奪われるおそれがあります。手遅れにならないよう、ただちに何らかの措置をとるべきでしょう」

面接官 C社がとるべき対処法を提案してもらえますか？

志望者 コスト削減と組織の効率性の見直しを図りたいと思います。そうすれば、商品原価が上がっても、安い価格を維持できます。

面接官 ほかには？

志望者 固定客を増やすための制度、たとえば、買い物をするたびにポイントが貯まり、割引になるポイント制などを導入してもいいかもしれません。

面接官 その制度の導入に伴う問題点として、どんなものが考えられますか？

志望者 そうですね、費用対効果はそれほど優れているとは言えません。ポイント制がなくても買い物してくれる大勢の顧客にも、還元することになりますから。

面接官 ほかの案はありませんか？

志望者 サービスのレベルの高さをアピールする広告キャンペーンを行うのはどうでしょう。サービスはU社よりも上、と約束する「サービス保証」を制定してもいいと思います。

面接官 顧客を維持するには価格で対抗するしかないとしたら、C社が顧客を引きつけるためにできることはありますか？

志望者 購買力を高めるために商品ラインナップを厳選し、U社と価格で競えるまでに仕入れ値を下げるよう、納入業者に交渉することは可能です。品揃えの豊富さを求める顧客は離れるかもしれませんが、最安値だけを求める顧客は維持できると思います。

93 ディスカウント・ブローカーのコスト削減

マサチューセッツ州にあるウェルズリー・カレッジのサークル「コンサルティングクラブ」では、数々のケーススタディを学生に提供している。ここで紹介するケースもその1つだが、このケースは元マッキンゼー・アンド・カンパニーのコンサルタント、ゴータム・プラカシュ氏の著書『The Insider's Guide to Management Consulting : Opportunities for Undergraduates』（未邦訳、１９９５年、Wet Feet Press刊）にも収録されている。

Q

株式公開企業は、年次株主総会の開催が法律で義務づけられています。
株主総会ではさまざまな議事を決議しますが、

来場できない株主には、
委任投票（代理人投票もしくは郵送投票）を送ってもらうことになります。
あなたのクライアントはディスカウント・ブローカーです。
ディスカウント・ブローカーとは、
顧客に対するアドバイスや調査は行わない代わりに、
安い手数料で株式などの売買の仲介を行う業種を指しますが、
クライアントの主な業務は、企業の年次株主総会の委任票のとりまとめです。
何百万と郵送されてくる委任票を集計し、一覧にまとめて企業に報告します。
その結果を企業が公表するのです。
このクライアントは、１９８０年代の企業合併ブームに伴って急速に成長しました。
最初はシカゴ郊外に事務所を構えていましたが、
ニューヨークのウォール街をはじめとする国内の大都市中心部10カ所に
支店を構えるほどになりました。
それが１９９０年代に入ってブームが終息したとたん、
業績は悪化の一途をたどるようになりました。
そんなクライアントから、コスト削減のアドバイスを求められています。
この課題に対し、あなたはどう取り組みますか？

どんな情報を必要としますか？　どんな分析手段を使いますか？
どんな仮説を最初に立てますか？

個人として答えるものの、意見を述べるときは、面接を受けている企業の「一員」という気持ちで答えるようにしよう。相手にも、その気持ちが伝わるはずだ。

「まずは、問題を踏まえて仮説を立て、その仮説にチーム全員が納得できるかどうか、検証していきたいと思います。

クライアントは、ディスカウント・ブローカーといっても委任票の集計が主な業務ですから、電子ツール（電子メールやファックス、コンピュータ・ネットワークなど）と郵便の両方を使って、顧客と連絡をとることが欠かせません。

ふつうの株式ブローカーなら顧客にサービスを提供する場所が必要ですが、基本的に顧客と顔を合わせることなく業務を行うディスカウント・ブローカーなら、街の中心部に事務所を構える必要性はそれほど高くありません。

ですから、クライアントの事務所を、業績にマイナスの影響を与えない範囲で、家賃（おそらく人件費も）が安くすむ郊外や地方に移転できると仮定しましょう。また、支店の数を減らしても、業務に差し支えないと思われます。支店を統合してサポートサービスを共有すれば、諸経費を切りつめられるので、コストが削減できます。本社にもっと機能を集中させて、各支店の人員削減も考慮に入れてもいいでしょう。

この仮説の妥当性は、支店ごとの利益率から判断できます。それには各支店の収支データが必要になります。

また、クライアントの業績を同業他社と比較して、利益の落ち込みが業界全体のものなのか、それともクライアントに限ったことなのかも評価したいと思います。

クライアントにかかる2大コストは人件費と家賃だと想定していますが、この想定が正しいかどうかも検証する必要があります。コストに大きく影響する部分を削る努力をすれば、最大限の効果が得られるので、主要コストの特定は不可欠です。

さしあたり、この2つのみの削減に焦点をあてていきましょう。

事業の運営に立地がそれほど重要でないという想定を検証するには、顧客調査を実施して、顧客が重視する購買要因（価格、サービスの質、対面式の対応、サービスの信頼性など）を確認する必要があります。その調査結果から、ディスカウント・ブローカー業界を、顧客のニーズに基づいて『細分化』できるでしょう。

そして、細分化した区分ごとにデータを集めて、市場規模（ドルベース）と成長率を見極めます。
その分析データがあれば、クライアントの強みと弱みを区分ごとに把握できるので、どこに投資したら収支が改善されるか見えてくるでしょう」

94

テレホンカードのマーケティング

キャピタル・ワンは、4700万の顧客を持つ大手クレジットカード会社だ。経営や情報技術部門の採用者面接で、数学的要素を絡めたケーススタディがよく出題されるので、ご紹介しよう。

Q

あなたは、キャピタル・ワンのカード会員向け推奨品チームのマネジャーに任命されました。
クレジットカード保有者に対し、
クレジットカード以外の商品を売り込む機会を探るのが主な任務です。
商品は社外の業者に調達してもらい、それに利益を乗せて顧客に紹介します。

今、新しい推奨品候補に上がっているのが、
長距離通話に便利なプリペイド式のテレホンカードです。
フリーダイヤルに電話をかけて、
暗証番号を打ち込み、話したい相手先の番号をかける仕組みです。
カードの残高の確認は、業者がやってくれます。
つまり、あなたの任務は、キャピタル・ワンに最大限の利益をもたらすように
このカードを顧客に売り込むことです。

このタイプのビジネスケースが出題されるときは、「この面接は、概念的、定量的、分析的に論理を展開する力を見せる機会です。最適な結論を導き出すには、計算力も必要となるでしょう。ただ、分析力がすべてではありません。リーダーシップ経験やコミュニケーション能力、独創性、協調性なども、重要なポイントとしてとらえています」と最初に言われることが多い。

まず、考えなければいけないのは、どんな事柄を知っておく必要があるのか、ということだ。次のような疑問が浮かぶはずだ。

●テレホンカード1枚あたりのコストはいくらかかるか?
●設定料など、カード本体以外にかかるコストはあるか?
●テレホンカードの通話時間に上限はあるか?
●テレホンカードの金額に上限はあるか?
●ライバル企業のテレホンカードの販売価格は?
●キャピタル・ワンの推奨品の平均的な価格帯は?
●キャピタル・ワンの推奨品を購入する顧客は、通常何名ぐらいか?
●テレホンカードを顧客に宣伝するには、どんな媒体が利用可能か?
●宣伝にかかるコストはどの程度か?

こうした疑問に対して、面接官は次のように答える。

「幸い、テレホンカードを売り込んできた業者からのメールには、カードに関する詳細が書かれていました。以下がその詳細です。

●カードの価格はいくらにでも設定可。他社の設定金額は1分につき最大75セント。
●カードの通話時間は、何分にでも設定可。
●キャピタル・ワンは、1分につき20セントを負担しなければならない。

●キャピタル・ワンは、アカウント設定料として、カード1枚につき2ドルを業者に支払わねばならない。この設定料には、カード本体、業者のシステム設定費、郵送費が含まれる。

●キャピタル・ワンの推奨品は、5ドルから30ドルの商品が多数を占めているので、テレホンカードは魅力的なラインナップとなり得る。

では、キャピタル・ワンは、1枚30ドルで60分話せるテレホンカードを販売することに決めたとしましょう。

そうすると、カード1枚につき、利益はいくらになりますか?」

答えの例

カード1枚あたりアカウント設定料2ドル。通話料は1分につき20セントだから、60分で12ドル。したがって、コストは14ドル。これを30ドルで売るので、利益は16ドル。

さて、これでよいのだろうか? 何か重要事項を見落としていないだろうか?

まず、宣伝費用が含まれていない(実際には、ほかにもいくつか考慮すべき事柄はあるが、宣伝費用の影響がいちばん大きい)。テレホンカードの存在を顧客に伝えるとなると、必然的にコストが発生するというのに、その分が一切考慮されていない。

では、どうやって宣伝すべきだろうか？　宣伝方法には次のようなものが考えられる。

●明細書に同封する

毎月の明細書と一緒にカードの申込用紙を同封する。そうすれば、顧客が小切手を郵送してカードの利用代金を支払う際に、申込用紙も返送できる。

●明細書に記載する

明細書の一部（小切手を送付する際に切り取って同封する部分）に、テレホンカードに関する記載を入れる。例「キャピタル・ワンのテレホンカードは、30ドルで60分の長距離通話が可能です！　カードの購入をご希望のお客様は、□にチェックを入れてください」

●封筒に申込用紙をつける

返信用の封筒の裏面に、切り取り可能な申込用紙をつける。商品に興味があれば、その部分を切り取って返信できる。

●ダイレクトメール

毎月の明細書とは別に、テレホンカードの詳細について記した案内文を送る。

●電話勧誘

顧客に電話をかけてカードを紹介し、購入を促す。

これらの宣伝媒体について、ちょっと考えてみよう。どんな共通点があり、どんな違いがあるだろうか？

宣伝に使う媒体を決定するときに、もっとも重要となる要素は何だろう？　言い換えれば、最適な宣伝媒体だと判断するためには、どんな情報が必要になるだろう？

媒体によって変わる要素（可変要素）はたくさんあるが、このケースでは、すべての可変要素を考慮する必要はない。どの媒体にも当てはまる2大可変要素だけについて考えればよい。それは、コストと反応率だ。

●コスト

利用する媒体によってコストが変わるのは当然だ。電話勧誘を選べば、テレマーケターの賃金と電話代がかかる（外注することもできるが、これも安くはない）。ダイレクトメールを選べば、手紙や販促資料の印刷代、封筒代、郵送費がかかる。

一方、明細書に記載することにすれば、明細書はいずれにせよ印刷するものなので、特別なコストはかからないし、申し込みも支払いの封筒に同封されてくるので、反応率も自動的にチェックできる。

●反応率

コストと反応率は、正比例の関係になることが多い。宣伝コストをかけるほど、反応率は上がるし、宣伝コストをかけないほど、反応率は下がる。ダイレクトメールを使えば多くの購入が見込めるだろうが、明細書の一部に記載するのでは、とても同じ数の購入は見込めない。要は、郵便受けに入っている手紙を見落とすことはまずないが、明細書の下のほうに記載されている1、2行は簡単に見落としてしまう、ということだ。

それに、手紙では、説得力のある言葉やきれいな写真をふんだんに使って、テレホンカードのメリットを伝えることができる。だが、明細書の一部に記載するのでは、短い2行ほどの文章で、購買意欲を起こさせねばならない。多くのスペースを割いて多彩な表現で商品を宣伝すれば、購入率に大きく影響する。

これ以外にも、宣伝に関して考慮に値する要素はたくさんある。いくつか簡単にリストアップしておこう。

●宣伝の準備に要する時間

媒体によっては、宣伝準備に時間がかかる。他社も近いうちにテレホンカードの宣伝に力を入れてきそうだと思うなら、いち早く宣伝できる媒体を選ぶほうがよいかもしれない。

●実務レベルでの影響

宣伝には、1人が2、3時間かければできてしまうものもあれば、チーム総動員で1週間かけないとできないものもある。これは「コスト」にも関係しているが、コストと切り離して考えることも大切だ。

●顧客に好まれる知らせ方

電話勧誘が苦手な顧客もいるので、宣伝を行う際にはその点も考慮する必要がある。

以上を踏まえてもう一度考えてみよう。

60分話せるテレホンカードを30ドルで販売するとしたら、宣伝費の損益が分岐する反応率は何%か?

(なお、「損益が分岐する」とは、それを行って損も得も出ない、すなわち、「総利益ゼロになる」という意味だ。所定の可変要素の損益分岐点となる数値を知っていれば、いつから利益(もしくは損益!)が出始めるかがわかるので、ビジネスのうえで非常に便利だ)

この課題を解決するにはさまざまなやり方があるが、どのやり方をとっても答えは同じになる。

方法1

100通の明細書に申込用紙を同封した場合に、何名が購入すれば利益がゼロとなるかを求める。

R＝購入した人数、申込用紙の同封にかかるコスト＝0・04ドル／1人とする。

（テレホンカード1枚あたりの売上）－（テレホンカード1枚あたりのコスト）＝0

30$×R－{(0・2$×60) R＋2$×R＋(100×0・04$)}＝0

30R－12R－2R－4＝0

16R＝4

R＝0・25人／テレホンカード100枚

R＝0・25％

方法2

方法1と同じやり方だが、具体的な顧客の人数を想定しないで算出する。

R＝購入率（テレホンカードの売上枚数／送った明細の数）

（テレホンカード1枚あたりの売上）－（テレホンカード1枚あたりのコスト）＝0

30$－{(0・2$×60)＋2$＋(0・04$／R)}＝0

30－12－2－(0・04／R)＝0

0・04／R＝16

16R＝0・04

R＝０・２５％

どちらでも答えは同じになる。テレホンカードの申込用紙を受け取った顧客のうち、０・２５％よりも多い割合の人がカードの購入を決めたら、キャピタル・ワンは利益を上げ、０・２５％よりも少なければ、損を出すことになる。

０・２５％という数値は予測として妥当だろうか？　実際の購入率が前もってわかることはあり得ないが、０・２５％であれば、達成可能な数値と言えるだろう。

したがって、このテレホンカードは試す価値が大いにある推奨品である、と言えるのだ。

95 バイオテクノロジー企業の投資戦略

最後に、アクセンチュアで出題された問題を紹介しよう。問題文である状況の概略の中に重要課題が含まれているので、それが特定できれば、自ずと疑問も浮かぶはずだ。

解答は載せていないが、考え方のヒントを挙げておいたので、状況をしっかりと理解し、もし自分だったらどういうアプローチで解決していくかを考えてみてほしい。

Q

アメリカのバイオテクノロジー企業が、あなたのクライアントです。
市場に出している製品は1つで、5億ドルを売り上げています。
この企業は現在、「販売力の拡張に投資すべきか」どうか悩んでいます。
状況を踏まえて的確なアドバイスを与えてください。

〈現状〉

- 既存製品は透析患者に使用されるもので、腎臓専門医をターゲットにしている。
- この半年から1年のうちに、新製品を市場に導入する予定。
- 新製品はがん患者に使用されるものなので、ターゲットはがん専門医。
- 現行商品には強力なライバルが1社いる。導入予定の新製品には、少なくとも1年は、競合相手は現れないと思われる。
- 現在の営業員は100人。そのほとんどが、会社の設立と同時に入社した。
- この5年、1製品しか販売していない。
- がん分野に導入する新製品が成功するには、販売力の強化に投資する必要があると思われる。

〈業界について〉

●特許権の存続期間は17年だが、研究開発とＦＤＡ（食品医薬品局）の承認手続きに、そのほとんどの期間が費やされる。

●新製品が成功するには、その分野のパイオニアとなることが極めて重要である。

●販売サイクル＝営業が医師に製品を説明して回る→医師が患者に製品を勧める→患者が製品の使用を決めて購入する→国の医療制度や保険会社から、購入費用が払い戻される。

●がん製品は、総じて非常に高価である。だが、健康保険や民間の保険に加入していれば、患者が自己負担した額のほとんどは戻ってくる。

●がんの専門医にがん製品を売るには、専門知識を備えた経験豊かな営業員が必須である（専門医はなかなか営業員に会ってくれない）。新しい営業チームの人材の確保と訓練には、半年から1年ほどかかる。

考え方のヒント

このケースで特に重要なのは、課題の細分化だ。面接では、以下に関して検討するように求められるだろう。事実に基づいて答えることが要求される。

- 新製品に対する潜在需要（数量的に）はどのくらいか？
- がん患者の人数は？
- 患者が製品を使用する頻度は？
- 1回の使用の推奨量は？
- 新製品の単価はいくらにすることが可能か？
- 市場における製品の価格帯はどのように決めればよいか？
- 新製品の販売に必要となる営業員の投資には、どのくらいかかるか？
- 営業員1人あたりにかかる年間コストはいくらか？
- 新製品を首尾よく導入し、十分なサポートをするのに、何人の営業員を新たに雇わねばならないか？
- 営業に回るがんの専門医の数は？
- がんの専門医を訪問する頻度は？
- 専門医1人あたりの訪問に要する時間は？
- 訪問販売の収益逓減点はどこか？

- 新製品の販売営業員の人数は、潜在需要にどんな影響を及ぼすか？
- 新製品の需要をどうやって見積もればよいか？
- あなたなら、どんなアプローチ法をとるか？　また、どんなデータを見たいと思うか？
- あなたなら、新製品の価格をどうやって決めるか？
- 新製品の価格弾力性は高くなりそうか、それとも低くなりそうか？
- 新製品に競合品が現れたらどうするか？
- クライアントが投資を決めた場合、1つの営業チームに新旧両製品を任せるべきか、それとも製品ごとに営業チームを分けるべきか？
- 営業チームを1つにするか2つに分けるか決めるとしたら、どんな要因を考慮して決めればよいか？
- 両方の製品およびターゲットには、どんな共通点があるか？
- 新製品は、現行製品の販売の邪魔となるか？　あるいはその反対だろうか？

LESSON 7
実行パズル

この章では、

実際に行動してもらうパズルを集めた。

どの問題にも、

「売り込む」「解析する」「設計する」など、

何かしらの行為が伴う。

一般に、志望者がストレスを感じる状況で

どんな行動をとるかを見るのが目的である。

この手のパズルを苦手に感じる人もいるだろうが、

心配はいらない。

求められた役割を恐れずに果たすことが重要だ。

96 ペンの売り込み

これは、過去に面接で出題されたうち、少なくとも営業職志望者向けの実行パズルとしてはもっとも古いものだろう。売り込むものは、ペンに限らず、コーヒーカップやホチキスなど何でもかまわない。面接官は何かを指して、「これを私に売り込んでください」と言うのだ。

この問題では、志望者の生のプロモーション力（販売に関係する職種には特に重要）を試すのはもちろん、目の前のものを自分の言葉で表現する力、機器や技術を別の視点からとらえ直す想像力も試される。

Q

このペンを私に売り込んでください。
設計上の優れた点や特徴、メリット、お買い得な点を伝えてください。

この問題のゴールは、自発性と創造性を見せて、面接官に納得してもらうことだ。概して、商品の特徴よりも、消費者に対するメリットに焦点を当てるほうがよい。

売り込み方としては、価格入札式、もしくはハードクローズ式（受注生産式）のどちらかになるだろう。無難というか、伝統的と呼べる答えをまず紹介しよう。これはハードクローズ式の売り込みである。

「お客さま、お時間をとっていただきありがとうございます。本日は、この素晴らしいペンを紹介させていただきたく、こちらに伺いました。

私どもの会社がこのペンを作るようになってから、20年になります。ご覧のとおり、仕事でよく使うタイプのペンです。このたびわが社では、お客さまの社名をこの金属部分に刻印するサービスを始めることとなりました。社員のみなさまや取引先の方々に、喜んで使っていただけることと思います。

この刻印サービスを始めた記念としまして、ただいま特別キャンペーンを行っております。１０００本以上ご注文くださいましたら、1ダースにつき10ドルで社名を刻印いたします。この価格で、社名という御社の輝かしい成功の証を刻めるのです。いかがでしょうか？　ぜひともこの機会にご注文ください！」

97

視覚障害者用のスパイスラック

マイクロソフト御用達の問題だ。これまでに何千という志望者に出題されたが、同じ答え方をした人はいない。そうした深みがこの問題にはあり、それがお気に入りとなっているゆえんだろう。

Q

視覚障害者用のスパイスラックを設計してください。

これは決して平凡な問題ではないし、答えそのものよりも、問題と問題に関する制約事項を定義（というよりも、再定義）する能力のほうが重視される。

「切り口として」と、元マイクロソフトの面接官は語る。「志望者には、『この問題のゴールは、目の不自由な人にとって、スパイス瓶の整理、収納、取り出しがしやすい仕組みを設計すること、ととらえてよろしいでしょうか』といった具合に始めてもらいたい」。

問題の意図を正確に把握しているかどうか、声に出して確認するとよい。面接官の中には、「視覚障害者用とはどういうことかを周知の事実と想定せずに、視覚障害者用ということばが暗に含む意図をいくつか指摘してもらいたい」と思っている人もいるのだ。

また、スパイスラックの既存の形を超えて、独創的な収納様式を提案しても、プラスの評価を与えられることもある。ただ、その後に、問題の鍵となる要素（瓶、蓋、ラベル、収納システム）と、それぞれが消費者のニーズにどうかかわるかを検討する必要はある。

ラベルについては、点字を用いると答える人がほとんどだが、ラベル以外については、実にバラエティに富んだ答えが出てくるようだ。


志望者の課題となるのは、「解を明確に提案できているか」、そして、「その答えに面接官が異議を唱えた場合にどうするか」の2点である。面接官の異議に同調するのか、自分の考えの正当性を主張するのか、どちらの道を選ぶかは、志望者次第だ。


「この問題は、非常にむずかしい。下手をすれば、問題を聞いた瞬間から、間違った方向に進み始めてしまう」と、マイクロソフトでプラットフォーム・アーキテクチャ・ガイダンス・チームのプロダクト・マネジャーを務めるロン・ジェイコブズ氏は言う。

「この問題のゴールは、スパイスラックの設計というよりも、目の不自由な人が手早くスパイスを出し入れできる仕組みと、製造業者が簡単に点字ラベルを瓶に表示できる方法を考え出すことだ。ところが、スパイスラックだけに焦点を絞るような、間違った方向に解釈されることが多い。優秀な志望者は、型にとらわれない発想を見せてくれる」

「発想力豊かな志望者のアイデアには、しばしば驚かされる」と、ジョエル・スポルスキー氏も賛同する。彼がマイクロソフトの役員だったときも、何百人もの志望者にこの問題を出題している。

「スパイスの容器に点字ラベルをつけるという答えは当然出てくる。そして、そのほとんどは、蓋の頭にラベルをつけると言う。だが、ある志望者は、点字を指で読むときは、縦よりも横のほうがなぞりやすい（試してみよう！）という理由から、スパイスは引き出しに収納するという結論に達した。

この発想の斬新さに、私は感服した。数多くの面接でこの問題を出題したが、そんな答えが出てくることはなかった。問題の枠を超えた、実に素晴らしい発想の飛躍だ。

この答えだけで十分だと満場一致で判断し、その志望者を採用した。後に彼は、エクセルチームの最優秀プログラム・マネジャーの1人となった」とスポルスキー氏は振り返る。

98

青とは何？

このパズルは、コンサルティング企業、ブーズ・アレン・ハミルトンのクリーヴランド支社で学生採用の責任者を務めるゲリー・ボールマン氏のお気に入りである。

Q

私を目の不自由な人だと思って、「青」を描写してください。

＊ヒント：人間には、視覚のほかに４つの感覚がある。

この問題を考えるのがはじめての人は、リラックスして、どうたとえるか考えてみよう。問題を出されるなりパニックに陥り、とにかく何か言おうとする人が多い、とボールマン氏は語る。

「私は、少しの間黙って、問題を振り返りながら考える志望者が好きですね。理想的な答えは、視覚以外の感覚に訴えるたとえを使って青を説明するやり方です。味や匂いでも、青は描写できますよ。この問題では発想だけでなく、思いがけない状況でどんな対応を見せるかも試しているのです」

次に2つ、実際の志望者の解答を紹介する。どちらの答えにも、比喩が使われている。

「ジョージ・ガーシュインの『ラプソディ・イン・ブルー』という曲はご存じでしょうか？　曲の出だしでクラリネットが音階を上がっていき、はっと息を飲んでしまうほど清らかな高音が和音の中に溶け込んでいくのです。その音を聴いたときに感じる気持ち。それが青です」

「色は寒さと暖かさの間の連続体のようなものです。色は光を反射しますが、反射の仕方は色によって異なります。薄い色の衣服のほうが、濃い色よりも多く光を反射するので、そのほうが涼しく、夏には薄い色の服を好んで着る人が多いです。

濃い色の衣服は熱を吸収しやすいので、暑く感じやすいのです。青には、どちらかというと濃い色の作用があります」

99

家を設計する

この問題は、マイクロソフト・エクセルの生みの親であるジェーブ・ブルメンタル氏がよく面接で尋ねていた。これ以上、シンプルな問題があるだろうか？　だが、要注意！　問題が単純であるほど、的はずれな答えとなる危険性が高くなり、能力を発揮しづらいものだ。

Q

家を設計してください。

ブルメンタル氏によれば、この問題を出題すると、ホワイトボードにいきなり正方形を描く志望者が多いそうだ。

正方形！　「この時点で、不採用と決まる」らしい。

「真っさらなキャンバスに、自由に好きなことを描いていいのは絵画だ。設計を絵画だと思っているような志望者は、スマートではない。この問題では、設計に対する理解を示してもらいたい。設計とは、進めていくほどに矛盾が積み重なっていくものの集合だ。設計が最終段階に近づくほど、矛盾は大きくなる」

このパズルは、まだ読み書きができない幼児に行われる知能テストを彷彿とさせる。たとえば、「木を描いてみましょう」という問題がある。これに対して、木の根の構造（重要だが見えないもの）を描いた子どもは、地上から上の部分の木を描き始めた子どもよりも知能が高いと見なされる。

「この問題で、誰のための家かも尋ねずに設計に取りかかるような人は採用しない」と、フォグ・クリーク・ソフトウェアのジョエル・スポルスキーCEOは言う。

設計の問題で、志望者に求められているものは何か。それはやはり、好奇心だ。優秀な人物なら、多くの情報を得るべく面接官に質問するはずだ。

誰のための家なのか。予算はあるのか。何か特別な条件はあるのか……。

「何も質問しないで話を進める志望者には、ついいらいらして、『確認するのを忘れたようですが、家というのは、背丈が15mあるキリンの家族が暮らす家です』と意地悪を言ってしまう」ことが、スポルスキー氏にはよくあるらしい。

100

ビル・ゲイツの浴室

これも、すっかり有名になった問題だ。いろいろな本で、いろいろな解答例を紹介している。それでも、考えるのが楽しい課題だ。

Q

ビル・ゲイツ氏の浴室を設計してください。

「お客さまはつねに正しい」という言い回しが昔からある。確かに一理あるが、顧客が必ずしも、求めるものを自覚しているとは限らない。だからこそ、企業は設計者を雇う。顧客に何がほしいか聞けばすむなら、そんな必要はないのだから。

このパズルの意図するところは、ビル・ゲイツ自身は気づいていないが、言われればほしいと感じる——そんな機能を備えた浴室のアイデアを出してもらうことである。そのために、あなたを雇ってゲイツ氏の浴室を設計させるのだ。では始めてもらおう。

まずは、クライアント（この問題ではゲイツ氏）と直接会って、彼の浴室の使い方を聞くことから始めるのがよいやり方である。そういった会話を行うのは気まずいかもしれないが、浴室の機能性をしっかりと理解するためには欠かせない。

機能性だけではなく、「生活の一部」としての快適さも重要な要素である。予算に糸目をつけないクライアントなら、なおのことだ。どんな場合であっても、予算や締め切りといったごく当たり前の事柄から尋ねるのが定石である。

それらの確認が済んだら、設計内容を細かく見直すプロセスが待っている。ゲイツ氏に作った設計を見せる。そして、ゲイツ氏の意見をもらい、彼なりのアイデアもつけ加える。この、つくっては（直しては）見せる作業を何度も繰り返し行うのだ。設計では当然起こるプロセスなので、省略することはできない。

また、このパズルでは、「ハイテク」な浴室の設計が求められているとも言える。今回のクライアントは、あらゆるものにコンピュータの知能をつけたがっているとして有名な人物だ。よって、「ハイテク」な棚の提案などがいいだろう。

たとえば、収納されている薬の消費期限を管理し、歯磨き粉などの消耗品の在庫がなくなったら注文できる機能などをつけるといい。

もっと凝ったことをするなら、便座に座った人の健康状態（コレステロール値など）を測定し、測定結果をかかりつけの医師のもとに送ってくれるトイレもいい。

また、トイレットペーパー・ホルダーをＩＰ対応にすれば、ペーパー切れは起こらない。そういえば、オフィスの「ペーパーレス化」はさかんに叫ばれているが、トイレのペーパーレス化を唱える人は、まだ出てきていないようだ。

マイクロソフトの面接官は、「自動的に水を流すトイレ」などという小手先の仕掛けは聞き飽きている（そんなものは、もうどこにでもある！）。このパズルで際立ちたいなら、詩人エミリー・ディキンソンのことば、「真実をそっくり語りなさい、ただし、斜めに語りなさい」にしたがったアプローチをとるとよい。現実味のある着想の中で、想像力を膨らませるのだ。

マイクロソフトの人事採用担当者によると、面接で好印象を与えるには、次の３つのような機能を挙げるとよいそうだ。

１　浴室で使える小型のコンピュータ

声で反応するタイプなら、手を使わずにすむのでいっそう便利だ。キーワードのことばで作動するように設定しておけば、入浴中に貴重なアイデアが浮かんだときに、キーワードを言ってからアイデアを話せば、録音することができる。録音されたメッセージは、自動的に当人にメールで送られる。

2　使う人の好みに浴室をカスタマイズできるシステム

車ではすでに、ドアを開けた人を「認識」したら、その人物の好みに、座席の位置やラジオ局、室温などが自動的に調整されるシステムがある。それと同様に、間接照明やシャワーの温度、トイレの便座の高さ、シャンプーの容器などが、浴室に入った人に合わせて調整される仕組みにする。

3　左右を反転させない鏡！（パズル22参照）

著者あとがきに代えて

おもに外資系企業の面接対策として本書をお読みの方のための ブレイン・ティーザー面接攻略15か条

最後に、企業の面接対策として本書をお読みになっている方のために、一言申し添えておこう。

企業面接の目的は、志望者と有意義な会話を交わし、採用決定に結びつくような情報を得ることにある。そして、そうした有益な情報を入手するのに、本書で紹介したような、ブレイン・ティーザーと呼ばれるパズルや問題の出題が最適だと思われているのだ。

マイクロソフトでプログラム・マネジャーを務めた後に、ソフトウェア企業、フォグ・クリーク・ソフトウェアを創設したジョエル・スポルスキー氏は、面接の取っかかりとしてブレイン・ティーザーを用いることを早くから提唱した一人だ。

しかし、彼は、「ブレイン・ティーザーを用いるのは、志望者との会話を弾ませ、そのなかで相手の聡明さと能力を見るためだ」と言う。「特定のテーマに関する話が弾めば、雇いたい人物かどうか判断できる。ブレイン・ティーザーは、そのための口実のようなものだ」。

つまり、実際の面接では、答えそのものよりも、その答えにたどり着くまでの道筋のほうが重視される。答えを導き出すプロセスがすべてなのだ。

したがって、じっくり時間をとり、自分の考えを声に出して言うことで、（少なくとも）努力していると見せるのが、ある意味、ベストな取り組み方である。

皮肉なことに、あまり速く解きすぎると、不利になる恐れがある。不利とまでいかなくても、もともと知っている問題だったと思われることは間違いない。問題を解くスピードの速さで好印象を持たれたとしても、「問題を解くスキルをどう企業にどう生かせるか」という話題に触れるチャンスがなくなってしまう。面接官との会話を交えながら、問題に取り組むよう心がけてほしい。

さて、面接でブレイン・ティーザーを出題する企業は、拡散思考を得意とする人材を求めている場合が多い。拡散思考とは、収束思考の逆で、未知の解決策を見つける思考プロセスのことである。ラテラルシンキング（水平思考）と言い換えてもいいだろう。

拡散思考で問題を解決するにあたって必要となるのは、独創性、順応性、柔軟性、そして創造力だ。

拡散思考ができる人は、見えている条件を考慮しつつも、見えていない条件に焦点をあてて分析する。そうして答えとなり得るものを次々に検証し、その中で最適な解を導き出すのだ。

一方、収束思考では、一度答えを出したら、骨を手にした犬のごとく、その答えに固執して守ろうとする。収束思考の脳は、一方通行に陥りやすいと言える。

フォード・モーター・カンパニーの創設者ヘンリー・フォード氏がT型モデルについて述べた有名な言い回し、「好きな色が選べますよ。黒が好きなら」は、収束思考の典型である。収束的な考え方が必要な場面ももちろんあるが、面接はその場面ではない。

実際のところ、面接試験の中で、ブレイン・ティーザーが占める割合は、マイクロソフトでさえ微々たるもの、全体の10％程度だ。しかしながら、受けるからには、万全を期したいところだろう。そこで、数々の採用担当者たちから教えてもらった、パズルを解くときのコツをそっとお教えしよう。

1　すぐに思いつく答えは間違い。

そのとおりだ。簡単に答えだと思えるものほど、間違いである可能性が高い。パズルは思っている以上に奥が深い。だからこそパズルなのだ。明らかに答えだと思えるものには、絶対に注意しよう！　とにかく、疑う心をつねに持つ。これからは、すぐに答えを思いついたら、それが間違いである理由を考えるようにしよう。

2　答えを出すことに集中する。質問に不備がないか考えてもしかたない。

解けないと、つい問題のせいにしがちだが、必要な情報はすべて手にしている、足りないものは何もないと信じること！　実際、そうなのだから。

3　考えをまとめてから話し始める。

沈黙を恐れてはいけない。1分でも2分でもいいから、黙って考える時間をとる。実際、「考えてもらおうと思って出題しているのだから、考えてもらいたい」とマイクロソフトの面接担当者は言う。つねに考えていると見えるようにすること。意外に思うかもしれないが、面接では問題を解くスピードよりも、深く考えることのほうが重んじられる。

だから、たとえ質問文の途中で答えがわかったと思っても、考えていると見えるように振る舞ったほうがよい。ましてや、面接官が質問を読み上げている最中に口を挟むのは厳禁だ。

4　質問を復唱する。

本文中にも触れたが、これには、次の効用がある。ひとつには、質問をもう一度全部聞くことができる。また、面接官に対して、ちゃんと聞いていたというアピールにもなる。それに、質問の意味を取り違えて答えることの防止にもなる。案外、勘違いは多い。

5 独り言よりも会話を。

頭の中を見せること。考えは声に出して言う。そうすれば、解こうとしている意欲が伝わる。どんなふうに論理を展開するつもりなのか、説明しよう。面接も試験といえば試験だが、部分点がもらえる機会はたくさんある。考えていることを口に出せば、どこまで考えが進んでいるか理解してもらえるし、先に進めるヒントをもらえることもある。

6 「オッカムの剃刀」にならう。

解決策は簡潔であるほうがよい。「オッカムの剃刀」とは、1つの状況を表すのに2通りの説明がある場合、簡潔な説明のほうをよいとする指針である。面接で出題される問題に関しては、自分が思うほど複雑でないと見て間違いない。簡潔な答えを心がけるべし。

7 すでに会社の一員のつもりで。

答えを説明するときは、面接官と協力して解くような気持ちで話すことだ。そうすると、チームワークや協調性に長けていると示すことにつながる。うまくできれば、すでに会社の一員であるという印象を与えることもできる！

8　ただ答えを述べるのではなく、質問もする。

パズルの内容に異論を唱える意味で質問しなければならないときもあるが、ここで言う質問とは、問題を明確にするための質問という意味である。質問という形をとった反論や批判は、面接を台なしにする。

たまに、パズルのような問題が出題されると、「この仕事に従事する能力とそのパズルと、いったい何の関係があるのでしょうか？」と盾突いたりする人がいるが、自分の意見を認めてもらいたいなら、ぜひともこの方針を貫いてもらいたい。ただし、雇われることはないだろう。問題のゴールとともに、面接のゴールは何なのか、しっかり確認することだ。

9　複雑な数式はいらない。

公式を思い出そうとするのは、直ちにやめよう。この手のパズルで必要なのは、四則演算だけだ。ややこしい問題ほど、答えは単純であるものが多い。

10　質問を単純化する。

小さくすれば扱いやすくなる。5つのビー玉が出てくるパズルなら、2つだとどうなるか考えてみよう。

11　逆算する。

ゴールから逆算して考えるほうが、解決しやすい場合が多々ある。

12　頭1つ抜き出るには、独創的な答えが必要。

よい目立ち方とは、面接官が聞いたことのない解決策を述べることだと心得よう。

13　終結に向かって進む。

複数の解決策の狭間で揺れ動くことがあるだろう。だが、1つの答えに心を決めることと。先に進めさえすれば、確固たる理由がなくてもかまわない。決断することに意義があり、その点も評価の対象となる。

14　お手上げだと感じたときも、ユーモアの心を忘れずに。

たとえ答えがわからなくても、未知の問題に取り組もうとする姿勢を示せばいい。何よりも、ユーモアの心を忘れずにいることが大切だ。むずかしいパズルに直面したときに、機転を利かせて「えっと……、その答えがわかる人はこの世に存在しません」と口にできる人は、人間的にも魅力的だ。

15　答えに貪欲に。

いよいよ完全に行き詰まってどうしようもなくなったら、「面接で上がってしまい、緊張が解けるまでに時間がかかっている」と自分から認めよう。でも、決して、「問題が解けない」と認めてはいけない。「すみません。今すぐには解けませんが、もう少し時間をいただければ解けると思います。後ほど答えを連絡してもよろしいですか？」といった表現も好まれる。少なくとも、好奇心とあきらめない心を見せることはできる。「解答できませんでしたが、非常に面白い問題ですね。答えを教えていただけませんか？」などと言ってもいいだろう。こういう終わり方をしておけば、失敗の痛手が消え、気負わずに次の問題に取り組める。

それでは、幸運を祈る。

ブレイン・ティーザー
ビジネス頭を創る100の難問

発行日　2008年10月15日　第1刷

Author	ジョン・ケイドー
Translator	花塚　恵
Supervisor	勝間和代
Book Designer	カバー　石間　淳
	本文　TYPEFACE（渡邊民人＋堀内美保）
Illustrator	堀内美保（TYPEFACE）（本文・カバーとも）
Publication	株式会社ディスカヴァー・トゥエンティワン
	〒102-0075　東京都千代田区三番町8-1
	TEL　03-3237-8321（代表）
	FAX　03-3237-8323
	http://www.d21.co.jp
Publisher & Editor	千場弓子
Promotion Group Staff	小田孝文　中澤泰宏　片平美恵子　井筒浩　千葉潤子　飯田智樹　佐藤昌幸　横山勇　鈴木隆弘　山中麻吏　空閑なつか　吉井千晴　山本祥子　猪狩七恵　山口菜摘美
Assistant Staff	俵敬子　町田加奈子　丸山香織　小林里美　井澤徳子　古後利佳　藤井多穂子　片瀬真由美　藤井かおり　福岡理恵　長谷川希　橋本健吾
Operation Group Staff	吉澤道子　小嶋正美　小関勝則
Assistant Staff	竹内恵子　熊谷芳美　清水有基栄　鈴木一美　田中由仁子　榛葉菜美
Creative Group Staff	藤田浩芳　千葉正幸　原典宏　橋詰悠子　三谷祐一　石橋和佳　大山聡子　田中亜紀　谷口奈緒美　大竹朝子
Proofreader	三谷祐一　文字工房燦光
Printing	株式会社厚徳社

ISBN978-4-88759-660-3